W0004423

Allegria

Der Autor

Dr. Joseph Murphy, 1889 - 1981, ist einer der erfolgreichsten Autoren der Lebenshilfeliteratur. Er wurde im Süden Irlands geboren und wanderte 1922 in die USA aus. Sein Studium der Religions- und Rechtswissenschaften sowie der Philosophie schloss er mit der Promotion in allen drei Fächern ab. 1962 erschien sein Hauptwerk „Die Macht Ihres Unterbewusstseins", dem zahlreiche weitere Publikationen folgten. Durch seine Bücher und seine rege Vortragstätigkeit in der ganzen Welt wurde er zum Wegbereiter des Positiven Denkens.

Von Joseph Murphy sind in unserem Hause erschienen:

Gottes Geschenke (Allegria)

Was Meditation bewirkt
Wie man an sich selbst glaubt
Wie uns die Liebe heilt
Das Erfolgsbuch
Werde reich und glücklich
Dein Recht auf Glück
Die Wahrheiten für ein perfektes Leben
Die Macht Ihrer Wünsche
Die Macht der Suggestion
ASW – Ihre außersinnliche Kraft
Das Superbewusstsein
Schule des positiven Denkens – Für Wohlstand und Erfolg
Schule des positiven Denkens – Für das richtige Selbstbewusstsein
Schule des positiven Denkens – Für Gesundheit und Vitalität
Schule des positiven Denkens – Für ein erfülltes Leben
Schule des positiven Denkens – Für die Freiheit von Angst
Schule des positiven Denkens – Für ein Leben mit Gott

Wie man an sich selbst glaubt (CD)
Wie uns die Liebe heilt (CD)
Schule des positiven Denkens – Für das richtige Selbstbewusstsein (CD)
Schule des positiven Denkens – Für Wohlstand und Erfolg (CD)
Schule des positiven Denkens – Für Gesundheit und Vitalität (CD)
Schule des positiven Denkens – Sebstbewusstsein, Wohlstand und Erfolg, Gesundheit und Vitalität (CD)

Joseph Murphy

Was Meditation bewirkt

Aus dem Amerikanischen übersetzt
von Gabriel Stein

Ullstein

Besuchen Sie uns im Internet:
www.ullstein-taschenbuch.de

Ullstein Taschenbuch ist ein Verlag der Ullstein Buchverlage GmbH, Berlin.
Neuausgabe im Ullstein Taschenbuch
1. Auflage März 2012

Umschlaggestaltung: FranklDesign, München
Titelabbildung: Fotolia
Gesetzt aus der Sabon
Satz: LVD GmbH, Berlin
Papier: Pamo Super von Arctic Paper Mochenwangen GmbH
Druck und Bindearbeiten: GGP Media GmbH, Pößneck
Printed in Germany
ISBN 978-3-548-74542-8

Und er sagte zu ihm: »Sohn, du bist immer bei mir,
und alles, was ich habe, ist dein.«

Inhalt

Erstes Kapitel: Wie man meditiert

Zweites Kapitel: Angewandte Meditation

Drittes Kapitel: Das wahre Geheimnis der Spiritualität

Viertes Kapitel: Meditationen

ERSTES KAPITEL

Wie man meditiert

Die Meditation ist nicht von einem dunklen Geheimnis umgeben. Jeder Mensch meditiert, wenn auch nicht immer in nutzbringender Weise. Die Meditation ist ebenso natürlich wie Essen, Trinken, Atmen usw. Der Politiker, der Wissenschaftler, die Hausfrau, der Taxifahrer – sie alle meditieren. Selbst der Agnostiker, der Atheist, der scheinbar materialistischste Geschäftsmann meditieren ständig. Der einzige Unterschied besteht darin, dass sie nicht über geistige Dinge meditieren – über die ewigen Wahrheiten, die unveränderlich sind, gestern, heute und für immer. Wenn Sie also von einem spirituellen Standpunkt aus meditieren, müssen Sie sich unbedingt auf die Gegenwart Gottes besinnen.

Die wahre spirituelle Meditation

Echte Meditation ist eine äußerst wirksame Methode, Gottes Gegenwart zu erfahren. Sie führt am schnellsten zur Erleuchtung, zur höchsten Inspiration, zur völligen Versenkung in die Göttlichen Wahrheiten – in jenem Augenblick, der ewig andauert. Das heißt ganz einfach, dass Sie sich Gott ganz hingeben – mit dem Wissen, dem Glauben und der festen Überzeugung, dass der Allmächtige Lebendige Geist in Ihrem Innern die einzige Gegenwart, Macht, Ursache und Substanz darstellt, und dass alles, dessen Sie sich bewusst sind, ein Teil des Unendlichen Seins in konkreter Ausformung ist. Setzen Sie sich also still hin, entspannen Sie Ihren Geist, und richten Sie Ihre Aufmerksamkeit auf diese tiefste aller Wahrheiten. Dann meditieren Sie tatsächlich aus einer spirituellen Perspektive, weil Sie diese Wahrheit in ähnlicher Weise aufnehmen, verarbeiten und Ihrem Bewusstsein zu eigen machen, wie Sie einen Apfel Ihrem Körper einverleiben.

Jeder meditiert entweder auf konstruktive oder auf destruktive Weise

John Jones zum Beispiel steht morgens auf, nimmt sofort die Zeitung zur Hand und liest die Schlagzeilen, die von Politik, Verbrechen und internationalen Spannungen handeln. Oft beunruhigt und stört ihn die politische Situation. Er wird wütend über die Entscheidungen einiger Richter und ereifert sich wegen der Ansichten gewisser Kolumnisten. Er ist dermaßen vertieft in seine Gegenargumente und Vorwürfe, dass er nicht einmal die Stimme seiner Frau hört, die zu ihm spricht.

Das ist das Paradebeispiel für eine Meditation mit äußerst negativen Resultaten. Seien Sie sich darüber im Klaren, dass alles, was uns ganz in Anspruch nimmt und worauf wir die Aufmerksamkeit richten, durch unser Unterbewusstsein noch verstärkt wird. Die Zeitungsseiten können John Jones ebenso wenig in Unruhe versetzen wie die gedruckten Artikel ihm Ärger oder Verdauungsstörungen bereiten können. Solche Reaktionen sind vielmehr die Folge der aufgewühlten Gedanken in seinem Kopf. Er selbst brachte sich durcheinander. Er hätte die Zeitung ruhig und sachlich lesen oder sich manchmal veranlasst sehen können, an seinen Kongressabgeordneten beziehungsweise an die betreffenden städtischen Behörden nützliche Briefe zu schreiben. Jedenfalls hatte die Zeitung samt ihrem Inhalt absolut keine Macht, ihn irgendwie zu belästigen.

Auf der ganzen Welt meditieren Menschen über alte Verletzungen, Ärgernisse, Ressentiments, Klagen, über verlorene Gerichtsverfahren, über eine Reifenpanne in einsamer Gegend, über finanzielle Einbußen infolge des Börsenkrachs und die Fehler, die sie gemacht haben, ohne zu wissen, dass sie dadurch die Probleme nur vergrößern und sich selbst erneut ins Unglück stürzen. Wenn Ihnen also ein negativer Gedanke durch den Kopf geht, so löschen sie ihn aus mit einem spirituellen Gedanken wie: »Gott ist Liebe, und sein Friede erfüllt meine Seele.«

Wenn Sie etwa darüber nachgrübeln, was die heutigen Untergangspropheten vorhersagen, oder mit Ihrem Chef gedanklich im Clinch liegen, praktizieren Sie damit eine Meditation, die negative Ergebnisse zeitigt. Ouspensky pflegte zu sagen, dass die innere Rede sich zu einem Klang verdichtet – das heißt: Ihr stilles Selbstgespräch manifestiert sich immer in Ihrer Erfahrung. Denken und Vorstellung, ob konstruktiv oder destruktiv, kommen in Ihrem Leben zum Ausdruck als Form, Funktion, Erfahrung und Ereignis.

Die Heilerfolge der spirituellen Meditation

Ich erhielt einen Brief von einer Frau aus Oregon, die an einem bösartigen Tumor litt. Sie hatte mein Buch *Great Bible Truths for Human Problems* gelesen und interessierte sich besonders für die darin skizzierten Gebetstechniken. Sie hatte angefangen, über die Gegenwart Gottes zu meditieren, und besann sich darauf, dass die Unendliche und Heilsame Gegenwart ihr Inneres erfüllt und dass Gott grenzenlose Liebe, absolute Harmonie, unendliche Intelligenz, Allmacht, Allwissenheit und Allgegenwart ist. Zwei oder drei Mal täglich versicherte sie sich dann im Laufe von 15 bis 20 Minuten: »Gott ist, und Seine Heilsame Gegenwart strömt jetzt durch mich. Göttliche Liebe sättigt mein ganzes Wesen – und Gott in meiner Mitte macht mich jetzt ganz und vollkommen. Ich erweise meinen Dank für die wundersame Heilung, die jetzt stattfindet. Es ist vollbracht!«

Nach ungefähr einer Woche spürte sie, dass etwas geschehen war, und der Chirurg bestätigte ihre intuitive Wahrnehmung. Der Tumor hatte sich aufgelöst, war auf den Röntgenbildern nicht mehr zu sehen. Das ist spirituelle Meditation. Deren Auswirkungen sind immer günstig und heilsam. Vergessen Sie nicht: Sie leben in einer subjektiven und einer objektiven Welt und müssen in beiden Erfolge erzielen.

Was ist Meditation eigentlich?

Dem Wörterbuch zufolge bedeutet meditieren, sich zu sammeln und zu versenken; eine Sache in Betracht zu ziehen, die erledigt oder beeinflusst werden muss; sich dem Nachdenken oder der Kontemplation zu widmen; zu grübeln, zu überlegen, zu ermessen, zu untersuchen. Eben deshalb meditiert jeder Mensch.

Was sagt die Bibel dazu?

Das Buch der Bücher enthält zahlreiche Hinweise auf die Meditation. Der Psalmist erklärt: *Wohl dem, der ... Lust hat am Gesetz des Herrn und sinnt über seinem Gesetz Tag und Nacht! Der ist wie ein Baum, gepflanzt an den Wasserbächen, der seine Frucht bringt zu seiner Zeit, und seine Blätter verwelken nicht. Und was er macht, das gerät wohl.* (Psalm 1,1–3) *Lass dir wohlgefallen die Rede meines Mundes und das Gespräch meines Herzens vor dir, Herr, mein Fels und mein Erlöser.* (Psalm 19,15)

Demnach finden Sie große Freude am Gesetz des Herrn, und das Gesetz lautet: Sie sind das, worüber Sie nachsinnen. Sie sind das, was Sie den ganzen Tag über denken. Richten Sie also Ihre Aufmerksamkeit und Ihre Hingabe auf diese tiefe Wahrheit: *Wie er in seinem Herzen denkt, so ist er.* (Sprüche 23,7)

Es sind die in Ihr Unterbewusstsein eingeprägten Vorstellungen, Überzeugungen und Ansichten, die dann nach außen projiziert werden und auf dem Spiegel des Raumes Gestalt annehmen. Sie müssen sich die ewigen Wahrheiten Gottes tief einverleiben, ehe diese in Ihrem Leben wirksam werden können. Daher müssen Sie von einem höchsten Standpunkt aus immer wieder über diese Wahrheiten nachsinnen.

Befolgen Sie aufrichtig das Gebot des Psalmisten, wenn er sagt: *Lass dir wohlgefallen die Rede* (die zum

Ausdruck gebrachten Gedanken) *meines Mundes und das Gespräch meines Herzens* (das innere, stille Wissen der Seele; Ihr tiefer Glaube und Ihre feste Überzeugung) … (Psalm 19,15)

Mit anderen Worten: In der echten spirituellen Meditation müssen Ihr Kopf und Ihr Herz mit dem einverstanden sein, was Sie bekräftigen. Wieder anders ausgedrückt: Sowohl Ihr Bewusstsein als auch Ihr Unterbewusstsein müssen zustimmen; dann erst wird Ihr persönliches Wohl tatsächlich erfahrbar. Die Verschmelzung von Denken und Fühlen stellt die Vereinigung der männlichen und weiblichen Elemente (der Göttlichen Wirkkräfte) in Ihrem Innern dar und gipfelt in der Freude über das beantwortete Gebet.

Der ewige Augenblick

Als ich während meines Besuchs in Indien über Meditation sprach, erzählte mir ein Mann, der ein chronischer Alkoholiker und Drogenabhängiger gewesen war (er hatte von Zeit zu Zeit Kokain geschnupft, war dann in der Gosse gelandet und zum Bettler geworden), dass er eines Tages einem heiligen Mann begegnet war. (In Indien gibt es etwa zwei Millionen davon.) Der sagte zu ihm, dass er nichts anderes tun müsse, als das Räderwerk seiner Gedanken zum Stillstand zu bringen und zwei Mal täglich ungefähr eine halbe Stunde lang zu bekräftigen: »Brahmas Liebe, Frieden, Schönheit, Herrlichkeit und Licht durchströmen mein ganzes Wesen, reinigen, läutern, heilen und erneuern meine Seele.«

Er befolgte die Anweisungen in der Gewissheit, dass

er die in seinem Innern verborgenen Eigenschaften und Kräfte Gottes aktivieren und wieder zum Leben erwecken würde. Er fuhr damit fort, jeden Abend und jeden Morgen zu meditieren; nach einigen Wochen, als er in die abendliche Meditation versunken war, verwandelten sich sein Geist und sein Körper ebenso wie der Raum, in dem er sich befand, in ein gleißendes Licht. Dieses machte ihn – wie Paulus – für kurze Zeit blind. Er erlebte eine Verzückung und Ekstase, ein Gefühl von Einheit mit Gott und der ganzen Welt. Seine Empfindung war unbeschreiblich.

Er hatte erfahren, was die alten Mystiker den »ewigen Augenblick« nannten, und wurde völlig geheilt. Heute bringt er anderen Menschen bei, wie man ein neues Leben beginnt. Er setzte seine geistigen Kräfte klug ein – das ist wahre Meditation.

Die Meditation formt Ihre Zukunft

Sie sind das, worüber Sie den ganzen Tag nachsinnen. Der inzwischen verstorbene Arzt und Psychologe David Seabury, der sich auf die Methoden von Phineas Parkhurst Quimby, dem amerikanischen Gründer der Neugeistbewegung (New Thought Movement) spezialisiert hatte, berichtete mir einmal, dass während seiner Sprechstunde in New York ein Mann ihn gebeten hatte, seine Frau zu besuchen, die infolge eines emotionalen Schocks gelähmt war. Dr. Seabury bezeichnete diesen Zustand als psychologische Lähmung. Er empfahl ihr eine bestimmte Übung: Sie sollte sich immer wieder lebhaft vorstellen, all jene Dinge zu tun, die sie bei bester Gesundheit tun würde – zum Beispiel ihren Wagen fahren, auf dem Pferd reiten, Golf spielen und im Haus arbeiten.

Vier oder fünf Mal am Tag machte sie – ebenso regelmäßig wie systematisch – circa 15 bis 20 Minuten lang diese Übung. Der Arzt erklärte ihr, dass jede ihrer Vorstellungen, verstärkt durch Glaube und Begeisterung, sich verwirklichen und objektive Gestalt annehmen werde. Am Ende des Monats wies er die Krankenschwestern an, sich zu einem bestimmten, von ihm festgelegten Zeitpunkt kurzfristig zu entfernen, während er zugleich die Frau darüber informierte, dass ihr Sohn in dieser Stunde aus Indien anrufen würde. (All das war mit dem Sohn von vornherein abgesprochen worden.)

Punkt zwölf Uhr mittags läutete das Telefon und läutete, wobei sie wusste, dass es ihr Sohn war. (Den Apparat hatte man bewusst außerhalb ihrer Reichweite platziert.) Plötzlich stand sie auf und ging zum Telefon. Von diesem Augenblick an ist sie noch viele Jahre zu Fuß gegangen.

Einen Monat lang war sie vollauf damit beschäftigt gewesen, ihre Aufmerksamkeit auf das Gehen zu richten. Sie investierte ein hohes Maß an mentaler und spiritueller Energie in ihr Ziel, wieder einen Fuß vor den anderen setzen zu können. Ihre Vorstellung wurde bekräftigt durch Glaube und Vertrauen in die ihr innewohnende Macht. Sie hatte wirklich meditiert. Als sie dann das Telefon läuten hörte und wusste, dass ihr Sohn sie zu dieser Stunde anrufen sollte, wurde sie von der Sehnsucht ergriffen, seiner Stimme zu lauschen, und das aktivierte den Göttlichen Geist in ihr; auf diese Weise erfuhr sie am eigenen Leib die heilsamen Wirkungen der Meditation. Ihr gedankliches Bild war gleichsam der Vermittler zwischen der unsichtbaren Welt des Göttlichen Geistes und dessen physischer Ausformung im Akt des Gehens.

Transzendentale Meditation

Ralph Waldo Emerson war ein Transzendentalist und heilte sich selbst von der Tuberkulose, indem er über die Schönheit und Herrlichkeit der Natur meditierte. Er verfasste einen großartigen Aufsatz über die Natur, darin folgende Sätze stehen: »Da ich im Zwielicht, unter bewölktem Himmel, eine kahle, mit Schneematsch und Pfützen bedeckte Gemeindewiese überquerte, ohne dass mir irgendwelche Gedanken an ein besonderes Glück durch den Kopf gingen, genoss ich eine vollkommene Heiterkeit. Die Ströme des Unendlichen Seins kreisen durch mich; ich bin Teil und Anteil Gottes.«

Indem er über die in der ganzen Natur sichtbare Schönheit, Ordnung, Symmetrie und Proportion meditierte und schrieb sowie über die Pracht des Himmels und der Sterne nachsann, rief er in seinem Körper eine molekulare Veränderung hervor, um sich so den universellen Mustern anzugleichen. Er nannte die Sterne das tägliche Brot der Seele. Seine Kontemplation überstieg seine fünf Sinne, und er versenkte sich in das Eine, das Schöne und Gute in seinem Innern und in der natürlichen Welt. Emerson praktizierte die wahre transzendentale Meditation.

Das Mantra »Om«

Im Indischen bedeutet die Silbe »Om«, die in unserer Bibel dem ICH BIN entspricht, Sein, Leben, Gott, Bewusstheit, Allmächtiger Lebendiger Geist. Viele Gläubige wiederholen »Om« immer wieder in einem Sprechgesang. Desgleichen können Sie sich immer wieder »ICH BIN« vorsagen; dabei werden Sie inneren Frieden und Stille finden.

Ein Mantra kann aus einem Bibelvers, einem Wort, einem Loblied oder dem Klang »Om« bestehen, die ständig wiederholt werden. »Der Herr ist mein Hirte« stellt zum Beispiel ein geeignetes Mantra dar. Es ist weitaus besser, den Sinn der eigenen Bestätigungsformel zu verstehen, anstatt eine zu benutzen, bei der man gar nicht weiß, was man sagt. Haben die Wiederholungen keine inhaltliche Bedeutung, führen sie auch zu keinem greifbaren Ergebnis. Wenn Sie geistige Fortschritte machen möchten, sollten Sie sich bewusst sein, was Sie tun und warum Sie es tun. Hinter dem Vers, dem Wort oder dem Mantra muss ein Sinn aufleuchten, zu dem man eine gefühlsmäßige Verbindung herstellen kann.

Benutzen Sie etwa das Wort »Frieden«, wiederholen Sie es 15 bis 20 Minuten lang, und Sie werden ganz friedlich, entspannt, gelassen und ruhig sein. Ein weiteres wunderbares Mantra lautet: »Gott ist Liebe.« Ein Geschäftsmann erzählte mir einmal, dass er auf Vorschlag eines Psychologieprofessors den Ausdruck »Coca Cola« gewählt und diesen sich zwei Mal täglich für 20 Minuten immer wieder vorgesagt habe. Dadurch sei sein Blutdruck niedriger und seine Verdauung besser geworden, habe er sich entspannter und ruhiger gefühlt. Im Grunde wollte der Psychologe ihn darauf aufmerksam machen, dass jedes wieder und wieder benutzte Wort sowohl Geist wie auch Körper besänftigt und infolgedessen die Blutzirkulation reguliert, die Verdauung fördert und größere Kräfte freisetzt.

Indem dieser Mann sich auf ein Wort konzentrierte, brachte er seinen Geist zur Ruhe. Auch Sie können irgendein Wort nehmen – zum Beispiel »Einsicht« –, es wiederholen und so die gleichen positiven Resultate erzielen. Der Ausdruck »Coca Cola« mag zwar durchaus die erwähnten körperlichen Veränderungen hervorrufen, doch das echte geistige Wachstum bleibt davon unbeeinflusst. In der spirituellen Meditation muss man sich das Göttliche immer mehr aneignen und zu einem gottähnlicheren Menschen werden.

Reinigen Sie Ihren Geist

Bevor Sie spirituell meditieren, sollten Sie sich alle negativen Gedanken vollkommen verzeihen und beschließen, sie nicht mehr zu hegen. Darüber hinaus sollten Sie sämtlichen Menschen verzeihen, indem Sie Liebe und Zuneigung in deren Richtung ausstrahlen und ihnen jede nur erdenkliche Wohltat wünschen. Ob Sie einer Person wirklich verziehen haben, werden Sie immer daran erkennen, dass Sie ihr im Geiste begegnen können, ohne zu murren oder zu jammern. Sie leben dann ganz einfach im Frieden mit sich und der Welt. Zum Beispiel würden Sie kein sauberes Wasser in ein schmutziges Gefäß gießen. Das Gefäß stellt Ihren Geist dar. Ebenso wenig erwarten Sie, dass der Heilige Geist durch einen unreinen Geist strömt. Groll, Selbsthass,

Feindseligkeit und böser Wille hindern den Strom des Guten daran, in Ihr Leben zu fließen. Meditieren Sie also in der richtigen Weise. *Und wenn ihr stehet und betet, so vergebet, wenn ihr etwas wider jemand habt …* (Markus 12,25)

Der mühelose Weg

Meditation ist die konsequente Übung, nach innen zu schauen. Was wir verstehen, tun wir auf ganz natürliche Weise; was wir nicht verstehen, tun wir nur, indem wir uns dazu zwingen. Oft berichten Schüler ihrem Lehrer, wie sehr sie sich angestrengt haben. In der Meditation wäre dies gleichbedeutend mit Scheitern, denn sie erfolgt stets ohne Mühe. Anspannung, Strapaze, Zwang sind hier verhängnisvoll und führen lediglich zum Misserfolg.

Eine hervorragende Methode, den Geist zu besänftigen, ist die folgende: Stellen Sie sich vor, auf einem Berggipfel zu stehen und auf einen See hinunterzublicken. Auf der spiegelglatten Oberfläche sehen Sie den Himmel, die Sterne, den Mond und all das, was sonst noch der Erde entrückt ist. Wenn die Oberfläche aufgewirbelt wird, sind die geschauten Dinge verschwommen und undeutlich. Ebenso verhält es sich mit Ihnen, wenn Sie nicht »still«, nicht ausgeglichen sind.

Antwort auf sein Gebet erhält nur jener Mensch, der voller Ruhe über die Freude nachsinnt, dass er bereits empfangen hat, worum er bat. Die Meditation kann auch als die Verinnerlichung des Bewusstseins umschrieben werden; sie ist die innere Wanderung in Richtung der Göttlichen Gegenwart.

Eine halbe Stunde täglich, in der Sie über Ihre Ideale, Ziele und Wünsche meditieren, wird Sie zu einem anderen Menschen machen. Schon nach wenigen Monaten stellt sich sanft und leise die Erkenntnis ein, dass Gott in Ihrem Innern ist; dass der Geist des Allmächtigen jetzt zu Ihren Gunsten handelt und dass das, was Sie gerne sein, besitzen und tun würden, mental schon akzeptiert wurde.

Der Mensch verwirklicht diesen Zustand, indem er die freudige Erregung empfindet, etwas zu vollbringen; und wenn ihm das gelungen ist, wird er nicht länger besorgt oder ängstlich sein. Außerdem wird er niemanden mehr um Rat fragen, denn er steht förmlich unter dem Zwang, das Richtige zu tun. Sein subjektiver Geist drängt ihn, all jene Maßnahmen zu ergreifen, die für die Erfüllung seiner Aufgabe, für die Erreichung seines Zieles notwendig sind.

Wenn ein Mensch nach dem Gebet weiterhin im Zweifel ist und anfängt, mit sich selbst zu rechten, welchen Kurs er einschlagen sollte, so heißt das, dass er den gewünschten Zustand nicht in seinem Unterbewusstsein fixiert hat. *Ich sage euch, dass unter denen, die vom Weibe geboren sind, kein Größerer ist als Johannes; der aber der Kleinste ist im Reich Gottes, der ist größer als er.* (Lukas 7,28) Das bedeutet, dass jeder Mensch, der mit Erfolg betet und die wahre Wirklichkeit berührt, indem er sich in die richtige Gemütsverfassung bringt, größer ist als der weiseste Mensch auf Erden.

Die meisten von uns leben ihr Leben in der Weise, dass sie den Blick nach außen richten. Die Weisen aber lernen, nach innen zu schauen. Jene Übungen, die darauf abzielen, werden unter dem Begriff »Meditation« zusammengefasst. Innerer Abstand ist der Schlüssel zur Meditation; das heißt, man macht sich von allen weltlichen Überzeugungen und Ansichten vollkommen frei und konzentriert sich schweigsam auf den Idealzustand. Es geht um diese mühelose Mühe, die bewirkt, dass wir uns dem annähern, was wir ohne Konflikt erkennen. Durch innere Loslösung trennen wir uns nicht von den irdischen Besitztümern, die für unser Überleben notwendig sind; vielmehr legen wir unsere besitzergreifende Art ab, indem wir einsehen, dass Gott alles besitzt und dass wir gewissermaßen seine Verwalter sind, die mit diesem Besitz vernünftig, achtsam, zweckmäßig umgehen. Wir müssen nicht unser Hab und Gut aufgeben, sondern die innere Bindung daran, welche uns in allen Angelegenheiten seltsamerweise auf einen rein menschlichen Standpunkt beschränkt.

Seid stille und erkennet, dass ich Gott bin!
(Psalm 46,11)

Beruhigen Sie Ihren Geist, und vergessen Sie nicht, dass jenes ICH BIN in Ihrem Innern Gott ist, die einzige Gegenwart und Macht. Stille heißt nicht nur, dass man schweigt, sondern auch, dass jene Ursachen im Bewusstsein, die das innere Leben in Unordnung bringen, beseitigt sind. Sie verweist darauf, dass es keine innere Dissonanz geben darf; dass ein Mensch, wenn er in sich geht, vollkommenen und dauernden Frieden finden muss.

Das Wissen, dass Gott ihm innewohnt, befähigt den

Menschen dazu, in einer stets friedlichen Welt zu leben. Fehlt ihm dieses Wissen, fristet er sein Dasein unter Bedingungen, die ihn pausenlos bekümmern. Er ist besorgt und wütend über Dinge, die, aus einem anderen Blickwinkel betrachtet, ihn niemals unglücklich machen würden.

Wir sollten jeden Tag über Schönheit, Liebe und Frieden meditieren – im Gefühl, dass diese Zustände in unserem Innern zu neuem Leben erweckt werden. Während wir über Weisheit, Wahrheit und Schönheit nachsinnen, erleben wir eine zweite Geburt, ein geistiges Erwachen.

Der Weg nach innen

Indem der Mystiker in sich geht, über das ICH BIN oder Gott meditiert, entdeckt er die wahre Wirklichkeit. Dabei wird ihm zunächst bewusst, dass der so genannte Körper einfach nur aus Lichtwellen besteht – und dass diese Erde, auf der wir uns befinden, sich in ein flammendes Licht verwandelt. Das äußere Leben wird zum Traum, und das innere Leben erwacht. Den Weg nach innen unaufhörlich fortsetzend, vereinigt sich der Mensch schließlich mit dem Unendlichen. Plötzlich merkt er, dass er durch die innere Einkehr auf das Universum gestoßen ist, dass die Sonne, der Mond, die Planeten und die Sterne ihren Ort im Innern haben. Zum ersten Mal weiß er, dass diese kosmischen Körper im Grunde Gedanken sind; dass sein Bewusstsein oder ICH BIN die Erkenntnis darstellt, die sie alle bewahrt; dass die Träume des Träumers sich vorübergehend im Raum bewegen; und dass Sonnen, Monde,

Planeten und Sterne Gedanken des Denkers sind. Gott meditiert, und wir sind der Gegenstand seiner Meditation. Es ist Gott, der über die in ihm verborgenen Geheimnisse nachsinnt.

Demnach endet diese Reise nach innen letztlich im Nirvana – in der wahren Wirklichkeit; sie führt den Menschen vom unbedeutenden Ichgefühl zu der tiefen Erkenntnis des inwendigen Gottes – des Ewigen Selbst. Durch Meditation findet der Geist des Mystikers den Frieden, die Stärke und die Energie für alle weiteren Schritte. Die konsequente Einübung der Meditation verleiht jeder Einstellung, jedem Impuls und jedem Handeln Schönheit, Liebe, Ruhe, Anmut und Würde.

Meditieren wir also über die folgenden Zeilen von der Hand Gottes, des Alten, die durch die Zeiten auf uns gekommen sind, über diese unvergängliche Weisheit: »ICH BIN der Ursprung, der Fortbestand und das Ende all dessen, was ist. ICH BIN der Same, ICH BIN das Wachstum, ICH BIN der Verfall. Ich bringe alle Geschöpfe und Dinge hervor. Ich leiste ihnen Hilfe, solange sie hilflos sind, und wenn der Traum der Trennung vorüber ist, veranlasse ich ihre Rückkehr in mich. ICH BIN das Leben, das Rad des Gesetzes und der Weg, der ins Jenseits führt. Es gibt keinen Anderen außer mir.«

Entspannung

Die folgende, uralte Entspannungsmethode wird in Indien, Nepal und anderen Ländern praktiziert:

1) Halten Sie Kopf, Hals und Brust so gerade wie möglich.

2) Atmen Sie dann durch die Nase ein, und zählen Sie dabei innerlich sechs Pulsschläge.
3) Halten Sie den Atem während dreier Pulsschläge an.
4) Atmen Sie für die Dauer von sechs Pulsschlägen durch die Nase aus.
5) Verharren Sie für drei Pulsschläge in diesem Zustand, ohne die Lungen mit Luft zu füllen.
6) Wiederholen Sie die Übung so oft, wie Sie es wünschen – vorausgesetzt, sie bereitet Ihnen keinerlei Unbehagen.

Durch praktische Anwendung wird sich der Rhythmus wie von selbst einstellen, ohne dass Sie weiterhin innerlich zählen müssen. Sobald dieser Zustand erreicht ist, wird die gesamte innere Anspannung und Anstrengung verschwinden, um der völligen Entspannung Platz zu machen.

Später können Sie die Übung mit größter Leichtigkeit während des Gehens ausführen, indem Sie jeden Schritt als eine rhythmische Zähleinheit benutzen. Anfangs jedoch ist es besser – zumal für Menschen, die in der Stadt leben, wo sie ständig durch Straßenkreuzungen und Verkehrsstaus aufgehalten werden –, sie im Sitzen oder im Liegen zu machen.

Das rhythmische Atmen ruft nicht nur eine körperliche Reaktion hervor, sondern auch eine geistige. Mit jedem Einatmen können Sie Ihrem Unterbewusstsein die von Ihnen gewünschte Vorstellung einprägen. Dabei dürfen Sie nicht vergessen, dass die Vision oder Idee, die Sie im Kopf haben, gleichzeitig mit dem Einatmen vergegenwärtigt werden sollte. In diesem entspannten Zustand ist das Unterbewusstsein äußerst empfänglich – also am besten und am einfachsten zu beeinflussen. Wenn Sie zum Beispiel trübsinnig oder mutlos sind, sagen Sie sich – mündlich und geistig – beim Einatmen: »ICH BIN GLÜCKLICH«. Fühlen Sie es, und lächeln Sie. Diese Übung mag jeweils 24 bis 100 Mal und dann so oft wie gewünscht wiederholt werden.

Das rhythmische Atmen erlernen

Sobald wir lernen, rhythmisch zu atmen, hat dies eine so nachhaltige Wirkung auf das Nervensystem, dass alle Anspannung schwindet. Jeder von uns weiß: Die tiefe Zwerchfellatmung fördert in hohem Maße das körperliche Wohlbefinden. Die angenehme Empfindung, welche auf einen tiefen Atemzug folgt, begünstigt die Aufnahme einer neuen Vorstellung oder Idee.

Während dieser Atemübungen sollten wir uns selbst so visualisieren, wie wir gerne sein möchten – voller Lebenskraft und kerngesund. Der regelmäßige Atemrhythmus erzeugt einen ähnlichen Reiz wie jeder andere Rhythmus etwa in der Musik oder beim Tanz, der uns besänftigt und einlullt. Er trägt dazu bei, die Aufmerksamkeit gleichsam zu betäuben und die Entspannung herbeizuführen.

Sie wurde vom Asthma geheilt

Während des Gesprächs mit einer älteren Frau in einem Hotel in Katmandu erfuhr ich, dass sie mehrere Jahre lang an Asthma gelitten und dass ein Priester in einem der Tempel ihr eine spirituelle Formel mitgeteilt hatte, die sie schließlich heilte. Die Übung lief folgendermaßen ab:

Sie saß ruhig in ihrem Sessel und begann, die Atmung zu verlangsamen. Bei jedem Einatmen versicherte sie sich im Stillen: »ICH BIN völlig gesund.« Bei jedem Ausatmen bekräftigte sie: »Gott ist meine Gesundheit.« Das tat sie morgens, mittags und abends jeweils zehn bis fünfzehn Minuten lang.

Nach zwei Wochen war sie von ihrer Atemnot befreit. Heute – im jugendlichen Alter von achtzig Jahren – sprüht sie nur so vor Kraft und Begeisterung.

Ihr Körper verändert sich ständig

Der Mensch ist ein pulsierendes, rhythmisches Wesen. Unser Körper ist den Gesetzen des Rhythmus ebenso unterworfen wie alles andere im Universum. Die Alten sagten: »Jedes Atom im Raum tanzt zum Rhythmus der Götter.« Das Universum (wörtlich: der *eine Vers*) ist einfach ein Ton oder Klang in Gott; doch in diesem Ganzen gibt es unendlich viele Töne oder Schwingungsgrade. Was immer wir in der Natur sehen – es schwingt, und nichts verharrt in absoluter Ruhestellung. Nur Gott ist bewegungslos. Die Natur hingegen ist die Geburt oder das Tätigkeitsfeld Gottes; der Eine manifestiert sich in unzähligen Formen. Sobald diese in Erscheinung treten, beginnen sie sich zu verändern; und aus ihnen gehen wieder andere Formen hervor, und so weiter ad infinitum …

Formen sind einfach nur Erscheinungen; sie kommen und gehen. Desgleichen verändert sich der menschliche Körper ständig. Die Wissenschaft erklärt uns, dass er sich alle elf Monate erneuert. Die Körperzellen sterben unaufhörlich ab und werden durch neue ersetzt. Wenn der Mensch seine Gedanken vergeistigt, nehmen seine Körperzellen einen bislang ungewohnten geistigen Oberton an, und sein ganzes Wesen wird lebendig und ganz.

Innerhalb von Sekunden oder Minuten vollziehen sich in der Biochemie des Körpers derart tief greifende Veränderungen, dass kaum eines seiner Atome oder Elektronen länger als wenige Monate Bestand hat. Alles ist Schwingung – das gesamte Universum unterliegt dem Gesetz permanenten Wechsels. Ihre Herzschläge folgen ebenso einem bestimmten Rhythmus wie die Gezeiten.

Schieben Sie die Schuld nicht mehr auf andere

Wir müssen erkennen, dass die Wirkungslosigkeit der meisten Gebete auf verworrenes Denken und mangelnde emotionale Kontrolle zurückzuführen ist. In diesem Zusammenhang ist die Beobachtung wichtig, dass das gleiche Gesetz, das in der magnetischen Anziehung solcher Regungen wie Angst, Neid, Wut oder Verzweiflung (Auslöser zahlreicher Fehlschläge und Enttäuschungen) wirksam ist, auch im unbeschreiblichen Gefühl der Liebe zum Ausdruck kommt, das hingegen äußerst angenehme Ergebnisse zeitigt. Das heißt, Erfolg und Misserfolg liegt *ein* Prinzip, *dieselbe* Kraft zugrunde.

Angst beschwört zwangsläufig Probleme und Sorgen herauf. Wie sie beschaffen sind und in welcher

Weise sie erfahren werden, hängt von der emotionalen Einstellung und Stimmung des Individuums ab. Man kann durchaus sagen, dass jede Krankheit ihren Ursprung in einer wie auch immer gearteten Frustration hat. Der Mensch ist das Produkt seiner Gefühle und Stimmungen.

Viele Menschen neigen dazu, für ihre unglücklichen Lebensumstände oder missglückten Unternehmungen andere Leute verantwortlich zu machen, wobei sie die eigene Veranlagung, die Umwelt oder den Mangel an günstigen Gelegenheiten mit ins Feld führen. Diese geistige Haltung dient zwar zeitweise als Vorwand für nachlassende Moral, aber sie beseitigt nicht die Ursachen von Kummer und Leid.

Die Welt ist ein Spiegel

Die Welt ist ein Spiegel, der unsere vorherrschende innere Einstellung reflektiert und uns ständig vor Augen führt, wer wir sind. Nicht immer mögen wir, was wir da sehen; noch ergreifen wir regelmäßig und zielbewusst die Initiative, um das Bild zu ändern. Wenn wir uns negativen Neigungen überlassen, sind wir bald mit Zuständen konfrontiert, die eine entsprechende Schwingung haben – eben aufgrund der Tatsache, dass ähnliche Elemente einander anziehen. Das ist ein Paradebeispiel für die Wirkungsweise des Kausalgesetzes. Doch wir leugnen immer wieder, dass alles von einer Ursache abhängt, und wie mit Blindheit geschlagen wollen wir die Wirkung ändern.

Ein Funke Neid, der in uns entfacht wird, zieht zweifellos Situationen an, in die andere neidische Menschen verwickelt sind – ob zu Hause, bei der Arbeit oder in unserem sozialen Umfeld. Ziemlich oft hören wir Leute sagen, dass sie bei anderen am meisten den Neid missbilligen. Wenn wir dann aber ihre Reaktionen beobachten, stellen wir fest, dass sie selbst diesen Fehler haben. Was wir denken und fühlen, findet in unserer äußeren Welt seine Entsprechung, seine ähnliche Art.

Nach innen schauen

Wir müssen lernen, durch Selbsterforschung, Selbstbewusstheit und Selbsterfahrung den Balken aus dem eigenen Auge zu entfernen. Schließlich werden wir dann nicht einmal mehr den Splitter im Auge des anderen wahrnehmen. Sobald wir bei ihm Fehler entdecken, wollen wir in unser Inneres blicken, denn dort – in den verborgenen Winkeln unseres Denkens und Fühlens – werden wir sie dank einer unvoreingenommenen Untersuchung auch bei uns finden.

Veränderte Einstellungen verändern alles

Wenn es uns ständig misslingt, unsere Lebensziele zu erreichen, und all unsere Bemühungen zum Scheitern verurteilt sind, müssen wir den Blick nach innen richten und uns nach den Gründen fragen. Eine Änderung unserer Umstände und Verhältnisse setzt eine Änderung unserer geistigen Einstellung voraus – eine bejahende Denkweise, die auf sämtlichen Ebenen vom Geist des Erfolgs geprägt ist. Um Siege zu erringen, müssen wir uns vergegenwärtigen, dass wir geboren wurden, um zu gewinnen, und dass das Unendliche in uns nicht fehlgehen kann. Dieses Vertrauen in den eigenen Erfolg entsteht, indem wir jeden falschen Gedanken aus unserem Kopf verbannen. Es ist unsere spezifische Gemütsverfassung, die Stärke unseres gefestigten Glaubens, die sich dem subjektiven Bewusstsein einprägt. Der Weg zum Erfolg wird nur dann durch Hindernisse verbaut, wenn wir dem Ego gestatten, eine Grenze um unseren Geist zu ziehen.

Einige Fragen

Wir sollten uns fragen, ob wir einfach nur Anerkennung und Applaus für uns selbst suchen oder ob wir ein aufrichtiges Interesse daran haben, der Menschheit zu dienen und die Welt zu einem besseren Ort zu machen, an dem wir gerne leben möchten. Wollen wir bloß unser Nest mit Federn schmücken, oder sind wir wirklich aufgeschlossen für das, was wir um seiner selbst willen unternehmen? Verspüren wir den Wunsch, ein Emerson, ein Lincoln oder ein Edison zu sein, die für die Menschheit einen großartigen Beitrag geleistet haben, oder suchen wir lediglich Selbsterhöhung und persönliche Ehre?

Wenn wir etwas anzubieten haben, wird es auch Verwendung finden, vorausgesetzt, wir schieben keinen Riegel vor. Unschlüssigkeit, Wankelmut und die so genannten sprunghaften Hochs und Tiefs resultieren aus einem Mangel an innerem Ideal oder Ziel. Oft vernimmt man den Ausspruch: »Ich drehe mich im Kreis.« Wer das sagt, hofft darauf, dass jemand kommt und ihm zeigt, wie er sich aus seiner Zwangslage befreien kann. Er hat zu wenig Standfestigkeit und weiß nicht, dass es in seinem Innern eine Unendliche Intelligenz gibt, die ihn, wenn er sie anriefe, führen und ihm die ersehnte Antwort offenbaren würde. *Rede, Herr, denn dein Knecht hört.* (1. Samuel 3,9)

ZWEITES KAPITEL

ANGEWANDTE MEDITATION

Vergegenwärtigen Sie sich, was zu Beginn des ersten Kapitels ausgeführt wurde: Der Meditation oder dem tiefen Nachdenken haftet nichts Geheimnisvolles an. Jeder Mensch meditiert und sinniert; aber das heißt nicht unbedingt, dass es auf konstruktive oder harmonische Weise geschieht. Wenn Sie zum Beispiel Erinnerungen an frühere Verletzungen, Ärgernisse oder Ressentiments nachhängen, über Ihre Verluste an der Börse, die Reifenpanne auf einsamer Straße nachgrübeln – oder darüber, wie Sie im Teenageralter von Ihrem Liebling sitzen gelassen wurden, dann praktizieren Sie eine »erstklassige« Meditation, die allerdings negativ ist und deshalb auch negative Auswirkungen zeitigt. Genauso verhält es sich, wenn Sie ständig an einen alten Rechtsstreit zurückdenken, daran, wie Sie alles verloren haben und der andere durch Lüge, List und Betrug alles gewonnen hat. Ihre Methode ist an sich gut und richtig, aber Sie erzielen damit schlechte Ergebnisse; denn was immer Sie gedanklich fixieren, wird dann von Ihrem Unterbewusstsein extrem vergrößert und vervielfältigt.

Das reine Gefäß des Geistes

In der kreativen transzendentalen Meditation ist die Vergangenheit tot. Sie erinnern sich nicht an frühere Dinge, betrachten nicht das Gestrige. Vergessen Sie, was hinter Ihnen liegt; streben Sie nach dem, was vor Ihnen liegt, bemühen Sie sich mit aller Kraft um die hohe Belohnung. Worin besteht diese? In Gesundheit, Glück, Frieden, Freude, Lebenskraft und Begeisterung. Wenden Sie sich also leidenschaftlich dem Edlen und Gottähnlichen zu. Doch wenn Sie fernsehen oder Radio hören und all die schrecklichen Nachrichten und düsteren Vorhersagen mitbekommen, die Hungersnöte und übrigen Katastrophen, so meditieren Sie, weil Sie in einem passiven, empfänglichen Gemütszustand sind. Und der Nachrichtensprecher richtet sein Wort direkt an Sie. Möchten Sie etwa durch alle Arten von negativen Suggestionen gleichsam hypnotisiert werden? Nein, Sie müssen diese zurückweisen, sich auf das Gegenteil besinnen und sagen: »Das akzeptiere ich nicht.« Lesen Sie lieber einen Psalm oder ein inspirierendes Gedicht, bevor Sie abends einschlafen. Auf diese Weise laden Sie Ihr Unterbewusstsein mit geistigen Wahrheiten auf, während Sie in Morpheus' Arme sinken.

Wenn Sie sich bei einer Autofahrt in Gedanken mit Ihrem Chef oder einem Kollegen streiten und dabei ärgerlich, wütend oder feindselig werden, geben Sie sich ebenfalls einer »erstklassigen« Meditation mit sehr dürftigem Resultat hin. Was sagen Sie zu sich, wenn Sie völlig allein sind? Diese innere Rede nimmt immer äußere Gestalt an, denn sie bringt zum Ausdruck, woran Sie wirklich glauben. Sie führen ein Selbstgespräch, und dieses bewahrheitet sich.

Wenn Sie meditieren oder beten, sollte ein wunderbares Gefühl von innerem Frieden Ihre Seele ausfüllen. Ralph Waldo Emerson sagte, Meditation sei die nachdenkliche Betrachtung der Wahrheiten Gottes vom höchsten Standpunkt aus. Während des Gottesdienstes etwa, wenn die Gläubigen in tiefes Schweigen versinken und über eine große Göttliche Wahrheit nachsinnen (zum Beispiel: »Gott ist Liebe« oder: »Sein Friede erfüllt meine Seele« oder: »Gott führt mich jetzt, Sein Licht erhellt meinen Weg«), werden in der inneren Stille eines jeden Menschen Wunder geschehen. Wenn man diese Göttliche Gegenwart stärkt, ist das eine wunderbare Art von Gebet, die den Geist besänftigt. Bedenken Sie: Was passiert, wenn Sie in ein schmutziges Gefäß klares Wasser gießen? Das Wasser wird schmutzig. Doch sollte das Gefäß nicht besser sauber sein, wenn Sie klares Wasser hineingießen? Das Gefäß ist Ihr Geist. Wenn Sie demnach beten, nachsinnen oder meditieren, dann verzeihen Sie sich, negative Gedanken gehegt zu haben, und vergeben jedem Menschen auf der Erde. Ihr Geist muss klar sein. Falls Sie etwas gegen jemanden haben, so vertrauen Sie diese Person der Gegenwart Gottes an, und wünschen Sie ihr Gesundheit, Glück, Frieden und alle Wohltaten des Lebens. Sie müssen das tun bis zu dem Punkt, wo Sie der Person in Gedanken begegnen können und sich freuen, gute Nachrichten über sie zu hören. Es geht ein Segen von Ihnen aus. Sie regen sich nicht mehr auf. Wenn Sie verärgert, bedrückt oder auf jemanden wütend sind, können Sie gewiss nicht über die ewigen Wahrheiten nachsinnen. Das Wasser fließt zwar auch durch ein schmutziges und völlig verrostetes Rohr, aber es wird dann trüb und ungenießbar.

Wenn Sie also beten, so verzeihen Sie den anderen Menschen, was immer Sie ihnen vorwerfen. Die von uns so bezeichnete »Meditation« ist im Grunde eine

Besinnung auf die Gegenwart Gottes. Wann immer Ihre Gedanken abschweifen in Richtung Angst, Zweifel, Groll, so holen Sie sie zurück, um sich in Gottes Heilige Gegenwart zu vertiefen. Die wirksamste Form der Meditation besteht darin, Gott überall zu sehen – in jedem Individuum, jedem Baum, Bach und Stein, in Predigten, Liedern und Gesängen. Sagen Sie nicht, Sie könnten nicht meditieren. Natürlich können Sie es. Sie meditieren ständig. Sagen Sie auch nicht: »Oh, ich habe einige Stunden genommen, um meditieren zu lernen. Aber ich bin nicht spirituell genug. Ich muss einen speziellen Kurs besuchen.«

All das ist Unsinn, denn Sie denken dauernd über etwas nach. Jeder kann meditieren. Ein Beispiel: Sie stehen morgens auf, werfen einen Blick auf die Börse, stellen fest, dass die Notierungen gefallen sind und geraten außer Fassung, weil Sie Geld verloren haben. Sie sind wütend auf den Börsenmakler, seine Firma und auf sich selbst. Sie wollen einen Brief schreiben, um ihm mitzuteilen, dass er keine gute Arbeit leistet. Sie ereifern sich, schäumen vor Zorn und sind völlig aufgewühlt. Damit haben Sie eine »erstklassige« Meditation praktiziert, doch diese ist sehr negativ.

Einige Leute beschäftigen sich intensiv mit Pferderennen. Sie gehen zur Rennbahn, verlieren dort viel Geld und grübeln dann darüber nach, warum sie auf das falsche Pferd gesetzt haben und wie hoch der Verlust ausfällt. Sie sind wütend auf den Jockey, kritisieren ihn ebenso wie den Besitzer des Pferdes – und nicht zuletzt sich selbst. Sie wollen die Welt aus den Angeln heben. Das ist ebenfalls eine »erstklassige« Meditation mit extrem ungünstigen Resultaten.

Ja, jeder Mensch meditiert. Doch Sie können, etwa beim Autofahren, Ihre Gedanken auch auf die Tatsache lenken, dass Gott Sie jetzt leitet, dass richtiges Handeln an oberster Stelle steht, dass Göttlicher Friede Ihren Geist erfüllt, Göttliche Liebe Ihre Seele durchdringt und Ihnen heute wie jeden Tag vorausgeht, um den Weg zu ebnen, zu vervollkommnen und Freude zu bescheren.

Wenn Sie also fast pausenlos über Aktien oder Pferderennen nachdenken, verschwindet alles andere – Familie, häusliches Leben, Beruf usw., denn jene Dinge nehmen Sie ganz in Anspruch. Sie können aber auch über geistige Themen meditieren, über etwas so Wunderbares wie den 91. oder den 23. Psalm. Der Psalmist schreibt: *Wohl dem, der ... Lust hat am Gesetz des Herrn und sinnt über seinem Gesetz Tag und Nacht! Der ist wie ein Baum, gepflanzt an den Wasserbächen, der seine Frucht bringt zu seiner Zeit, und seine Blätter verwelken nicht. Und was er macht, das gerät wohl.* (Psalm 1,1–3) *Lass dir wohlgefallen die Rede meines Mundes und das Gespräch meines Herzens vor dir, Herr, mein Fels und mein Erlöser.* (Psalm 19,15) Psalmen sind Lieder Gottes. Sie enthalten herrliche Wahrheiten, über die zu meditieren sich lohnt.

Die Besinnung auf das Wahre

Meditieren heißt, solch tiefe Wahrheiten in sich aufzunehmen und zu verdauen, sie in die Seele eindringen zu lassen – so wie ein verzehrter Apfel dem Organismus einverleibt wird. Auch die Wahrheiten Gottes müssen zu einem lebendigen Bestandteil Ihrer selbst werden. Dann sind Sie gezwungen, diese Wahrheiten, über die Sie nachgedacht haben, zum Ausdruck zu bringen. Die Bibel ist Gegenstand Ihrer Meditation. Dem Wörterbuch zufolge bedeutet »meditieren« (von lateinisch *meditari*), die Gedanken sammeln oder die Aufmerksamkeit konzentrieren, nachsinnen, sich in erbauliche Betrachtung versenken – im Weiteren auch überlegen, grübeln, untersuchen, nachforschen, eine zu erledigende Aufgabe in Erwägung ziehen. Im Grunde kann Ihnen niemand beibringen, wie man meditiert, eben weil Sie es die ganze Zeit schon tun. Niemand kann einen Apfel für Sie essen oder Salz für Sie schmecken. *Sie* müssen ihn essen, es schmecken und sagen: »Jetzt weiß ich, wovon die Rede ist.«

Deshalb steht in der Bibel geschrieben: *Schmecke den Herrn, denn er ist gut.* Das heißt, Sie müssen jene Wahrheiten in sich aufnehmen und verdauen, sich in sie versenken, damit sie zu einem lebendigen Teil Ihrer selbst werden. Dann entwickeln Sie sich zu einem freundlichen, anmutigen, edlen und gottähnlichen Menschen, der voller Wohlwollen ist. Wie der Psalmist erklärt, haben Sie Lust am Gesetz des Herrn, und dieses Gesetz lautet: Du bist der, der du in Gedanken bist. Sie sind so, wie Sie den ganzen Tag über denken. Richten Sie also Ihre Aufmerksamkeit auf die tiefen Wahrheiten, geben Sie sich ihnen hin. Wie er im Herzen (Unterbewusstsein) denkt, so ist er, so wird er, so handelt er, so lebt er. Es gibt kein anderes Gesetz unter der Sonne.

Die dem Unterbewusstsein eingeprägten Vorstellungen, Überzeugungen und Auffassungen werden auf den Spiegel des Raumes projiziert und in konkrete Erscheinungsformen transformiert. Sie müssen die ewigen Wahrheiten Gottes in ihre subjektiven Tiefen aufnehmen, ehe sie in Ihrem Leben wirksam werden können. Sie sind angehalten, die Ergebnisse Ihrer Meditation deutlich wahrzunehmen, zu veranschaulichen und zum Ausdruck zu bringen. Demnach haben Sie die Aufgabe, über die ewigen Wahrheiten zu meditieren und der Aufforderung des Psalmisten zu folgen, wenn er sagt: *Lass dir wohlgefallen die Rede* (die artikulierten Gedanken) *meines Mundes und das Gespräch meines Herzens* (das innere, stille Wissen der Seele; Ihr tiefer Glaube, Ihre feste Überzeugung) *vor dir, Herr, mein Fels und mein Erlöser.*

Mit anderen Worten: Auf diese Weise sind Ihre Gedanken und Vorstellungen, Ihre Gefühle und Überzeugungen in Einklang mit den allumfassenden Wahrheiten Gottes, die unveränderlich bleiben bis in Ewigkeit. Oder, noch einmal umformuliert: Kopf (Bewusstsein) und Herz (Unterbewusstsein) müssen einverstanden sein mit dem, was Sie nachdrücklich bekräftigen. Dann kommt das von Ihnen ersehnte Gute zum Vorschein. Die geglückte Verschmelzung von Denken und Fühlen stellt die harmonische Vereinigung der männlichen und weiblichen Aspekte, der innen wirksamen Göttlichen Kräfte dar, die sich in der Freude über das beantwortete Gebet offenbaren. Wahre Meditation ist jene einzigartige Methode, die Gegenwart Gottes zu erfahren – und auf schnellstem Wege beflügelt und erleuchtet zu werden, aufzugehen in einem Augenblick, der ewig dauert.

Das heißt, Sie versenken sich in die Göttliche Gegenwart, den Allmächtigen Lebendigen Geist im Innern und bestätigen eindringlich, dass dieser die einzige Gegenwart und Kraft, Ursache und Substanz ist – und dass alles, dessen Sie sich bewusst sind, teilhat am Unendlichen Sein und seinen Manifestationen. Setzen Sie sich in aller Ruhe hin, und richten Sie Ihre Aufmerksamkeit auf diese großartigste Wahrheit überhaupt; dann meditieren Sie wirklich. Dadurch wird sie auf ähnliche Weise in Ihren Geist aufgenommen und verarbeitet wie ein Stück Brot verdaut und zu einem Teil Ihres Organismus' wird. Jeder gelangt in der Meditation an einen bestimmten Punkt, wo sich dann entweder positive oder negative Konsequenzen ergeben.

Nehmen wir an, jemand wacht morgens auf, nimmt sofort die Zeitung zur Hand und liest die Schlagzeilen, die von politischen Unruhen, Verbrechen, internationalen Konflikten und anderen schlimmen Ereignissen handeln. Wenn ihn derlei beunruhigt, wird er manchmal in Wut geraten und die Absicht hegen, einen Brief an den Verfasser eines bestimmten Artikels zu schreiben. Er zerbricht sich den Kopf, ist verärgert, kommt ganz durcheinander. Sein Zorn richtet sich gegen die Bonzen, gegen die Regierung. Sobald er von Machtmissbrauch, Bestechung, Verschwendung öffentlicher Gelder oder ähnlichen Dingen erfährt, dreht er völlig durch. Auch das ist eine »erstklassige« Meditation mit negativem Ausgang.

Viele Menschen reagieren genauso. Sie grübeln über frühere Verletzungen, Ärgernisse, Ressentiments und Fehler nach, die sie begangen haben. Ihnen ist nicht bewusst, dass sie damit die Probleme nur noch vergrößern. Wenn Ihnen ein negativer Gedanke kommt, so löschen Sie ihn aus mit positiven Gedanken wie diesem: »Gott ist Liebe, und Sein Friede erfüllt meine Seele.«

Wenn Sie in Erwägung ziehen, was die Propheten des Untergangs vorhersagen, oder in Gedanken mit dem Chef über Ihre Arbeit streiten, dann geben Sie sich einer »erstklassigen« Meditation hin, die unangenehme Folgen hat.

Ihr stilles Selbstgespräch nimmt immer äußere Gestalt an. Die Gedanken und Vorstellungen, denen Sie nachhängen, kommen in Ihrem Leben als Form und Funktion, Erfahrung und Ereignis zum Ausdruck. Sie meditieren dann auf der geistigen Ebene, wenn Sie das Unendliche Sein, die Unendliche Gegenwart und Kraft zum Gegenstand haben und sich daran erinnern, dass Gott oder der Lebendige Geist grenzenlose Liebe, unermessliche Intelligenz und vollkommene Harmonie ist. Und diese Gegenwart und Kraft ist allmächtig, allgegenwärtig und allseits aktiv – die Einzige Ursache, die Einzige Substanz. Sinnen Sie darüber nach, was das für Sie bedeutet. Dies ist die höchste Form der Meditation. Nichts ist größer oder großartiger als sie.

Betrachten Sie innerlich aus allen Blickwinkeln diese Göttliche Gegenwart sowie jene Wunder, die geschehen können und Ihnen tatsächlich auch geschehen werden, wenn Sie der Einen Kraft, dem Lebendigen Geist, der Sie und die gesamte Welt erschuf, Ihre Treue, Ergebenheit und Hingabe bekunden – anstatt irgendwelchen Menschen, Institutionen, Glaubensbekenntnissen oder Dogmen. Was immer Sie vor Augen haben, ist eine Offenbarung jener Macht. Infolgedessen sehen Sie allmählich Frieden, wo Zwietracht herrscht, Liebe, wo Hass regiert, Freude, wo Trauer empfunden wird, und Leben, wo der so genannte Tod eintrat, denn Gott ist Leben, und dieses ist Ihr Leben hier und jetzt. Das

Leben wurde nie geboren und wird niemals sterben; es kann vom Wasser nicht durchnässt, vom Feuer nicht verbrannt, vom Wind nicht weggeblasen, vom Schwert nicht durchbohrt werden. Es bleibt durch alle Zeiten hindurch gleich – bis in Ewigkeit.

Sie sind jetzt Geist, werden es immer sein. In einer Milliarde Jahren werden Sie irgendwo lebendig sein, weil Sie der Allmächtige Lebendige Geist sind, der über die Erde geht. Jeder von uns ist ein Kleidungsstück Gottes, das Er auf Seiner Reise durch die Illusion von Zeit und Raum trägt. Beginnen Sie also damit, in Steinen Predigten, in Bäumen Sprachen, in Bächen Lieder zu hören – und in allem Gott zu sehen. Die Ergebnisse Ihrer Meditation werden dann als Friede, Sanftheit, Freude, Güte, Glaube, Demut, Mäßigkeit, Gesundheit, Lebenskraft und Fülle hervorleuchten.

In New York kannte ich einen Mörder, der gestand, einen Mann umgebracht zu haben. Doch in der Tiefe seines Herzens sehnte er sich danach, sich grundlegend zu ändern und eine geistige Wiedergeburt zu erleben. Ich schrieb ihm die Eigenschaften Gottes auf. Er fing an, mehrmals täglich 15 bis 20 Minuten lang die kreisenden Räder im Kopf zum Stillstand zu bringen, still und liebevoll zu beanspruchen und zu fühlen, dass Gottes Liebe, Friede, Schönheit, Pracht und Licht durch Geist und Herz strömen und dadurch seine Seele reinigen, heilen und wiederherstellen. *Er erquicket meine Seele*. Der Delinquent wollte unbedingt ein neuer Mensch werden, große Taten vollbringen, Hand ans Werk legen und der Menschheit einen Dienst erweisen.

Dieser dringende Wunsch, diese Entscheidung trug

maßgeblich zu seiner Heilung bei – wie bei einem Alkoholiker, der mit dem Trinken aufhören und ein neuer Mensch in Gott werden möchte. Dann ist das Problem schon fast gelöst. Er leidet für die Freude, die ihn erwartet; die Freude, ein neuer Mensch zu sein, die Freude an der Nüchternheit, an Lebenskraft, Frieden, Harmonie, Ruhe, Gelassenheit – sowie daran, den Menschen wieder Gutes zu tun und ein gottähnliches Dasein zu führen. Indem der Mörder regelmäßig jenen inneren Reinigungsprozess vollzog, erweckte er die Eigenschaften des Unendlichen Bewohners in seinen subjektiven Tiefen zu neuem Leben. Er fuhr fort, jeden Morgen und Abend zu meditieren.

Nach etwa einem Monat verwandelten sich während einer nächtlichen Meditation Geist und Körper dieses Mannes ebenso wie seine Gefängniszelle in einen blendenden Lichtschein. Eine Zeit lang konnte er tatsächlich nichts mehr sehen. Er erzählte mir, er erinnere sich nur noch an seine plötzliche Einsicht, dass die ganze Welt in ihm war, und an das ekstatische Gefühl, dass die Göttliche Liebe jedes Atom seines Wesens durchdrang. Dieses Gefühl war unbeschreiblich. Mit anderen Worten: Er lebte im ewigen Augenblick. Danach ist man nie mehr so wie vorher. Er hatte eine tief greifende innere Wandlung erfahren. Schließlich begann er, anderen Menschen beizubringen, wie man leben sollte, und war getrieben vom unterbewussten Impuls, die Früchte des Geistes – nämlich Liebe, Freude, Sanftheit, Friede, Glaube, Demut, Mäßigkeit – zur Anschauung und zum Ausdruck zu bringen.

Es gibt kein Gesetz, das derlei verneinen könnte. Wozu dient eine Lehre, eine Meditation, eine Kirche? Welchen Wert hat ein Mensch, wenn nicht den, sich in ein Instrument zu verwandeln, auf welchem die ewigen Melodien Gottes gespielt werden? Sie meditieren, wenn Sie einen oder mehrere Psalmverse lesen und über deren tiefere Bedeutung nachsinnen, zum Beispiel: *Der Herr ist mein Hirte, mir wird nichts mangeln.* (Psalm 23,1) Das heißt, Sie haben sich Gott oder die Unendliche Intelligenz zum Hirten gewählt. Und der Herr *ist* Ihr Hirte, und es wird Ihnen nichts mangeln. Es wird Ihnen nie an Beweisen dafür fehlen, dass Sie diese Unendliche Intelligenz zu Ihrem Lenker, Berater, Wegweiser und Ihrer Vorratsquelle erkoren haben. Der Psalmist sagt Ihnen genau, was passiert, wenn Sie diese Wahl treffen: *Er weidet mich auf grüner Aue und führet mich zum frischen Wasser. Er erqicket meine Seele.* (Psalm 23,2–3) Die Entscheidung für Gott als Hirten bekundet den Glauben an Seine Führung und Seine Liebe, die alle anderen Gedanken, Vorstellungen und Ansichten hütet und Sie auf ebenso angenehme wie friedliche Wege leitet. Ein Hirte wacht über seine Schafe. Er liebt und umsorgt sie. Außerdem beschützt er sie gegen Beutejäger. Wenn sie abends in den Pferch zurückkehren, untersucht er ihre Nüstern und Hufe, um zu sehen, ob irgendwelche Nadeln, Dornen oder andere Gegenstände darin stecken, die Schmerzen verursachen könnten. Dann entfernt er sie und tropft Öl auf die Wunde. Er führt die Schafe in den Schatten, denn sie sind einfältige Geschöpfe, die in der sengenden Sonne bleiben würden. Er geht über die Weide, wo sie grasen, um Unkraut auszureißen, das ihnen schaden könnte. Demnach beschützt er seine Herde in jeder Weise. Natürlich führt er sie auch zum Wasser, ruft jedes Schaf beim Namen, und alle folgen ihm. Schließlich sind Hunderte oder gar Tausende von Schafen in einem Pferch. Sie erkennen den Hirten an seiner Stimme und hören auf seine Befehle.

Der Hirte verkörpert Ihre vorherrschende Überzeugung hinsichtlich der Güte Gottes im Reich des Lebendigen. Diese wesentliche Vorstellung oder Leitidee dominiert all Ihre übrigen Gedanken, Auffassungen und Meinungen. Warum also sagen Sie heute nicht einfach: »Der Herr ist mein Hirte, und ich singe das Lied der jubilierenden Seele. Denn mir wird es nie an Beweisen dafür fehlen, dass ich mir Gott zum Lenker, Berater, Wegweiser, Friedensstifter, Gutachter, Ernährer und Chef, ja zu meinem Ein und Alles gewählt habe.« Der Psalmist macht Ihnen deutlich, was daraus folgt: *Er führet mich auf rechter Straße um seines Namens willen.* Das heißt, Denken, Fühlen, Handeln sind ebenso richtig wie die Konsequenzen, die sich daraus ergeben.

Sie können sich sagen: »Die Göttliche Intelligenz beherrscht und führt mich auf all meinen Wegen. Es wird mir nie an Frieden, Harmonie oder Unterweisung mangeln, eben weil sie mich leitet. Sie ist eine Lampe an meinen Füßen und ein Licht auf meinem Weg.« Sie können sich unter einen Baum setzen, die Augen schließen und über diese tiefen Wahrheiten meditieren. Das ist gewiss eine echte Meditation mit wunderbaren Ergebnissen, denn Sie sinnen über diese einfachen Wahrheiten nach, konzentrieren sich darauf und versenken sich in sie. Ja, Sie werden auf grünen Auen liegen, da Gott Sie in spiritueller, intellektueller, physischer, finanzieller und sozialer Hinsicht begünstigt, wie Sie es sich nie hätten träumen lassen. Sie werden sich am frischen oder stillen Wasser wiederfinden, sobald Sie beanspruchen, dass der Fluss des Friedens Ihren Geist, Ihr Herz und Ihr ganzes Wesen durchströmt.

Sie sagen sich: »Mein Geist ist jetzt ruhig und klar. Er spiegelt Gottes himmlisches Licht und Seine erhabenen Wahrheiten wider. Meine Seele (mein tieferes Bewusstsein) ist wiederhergestellt, denn Seine Liebe und Sein Friede erfüllen mich. Die Göttliche Liebe löst alles auf, was ihr nicht entspricht. Den ganzen Tag über denke ich an die Heilige Gegenwart in meinem Innern. Ich gehe den Weg der Rechtschaffenheit. Dank meiner Hingabe an Gottes ewige Wahrheiten und der Aufmerksamkeit, die ich ihnen schenke, weiß ich, dass es keinen Tod gibt. Ich fürchte kein Übel, denn Gott ist bei mir. Ich habe erkannt, dass Er uns nicht den Geist der Angst gegeben hat, sondern den der Liebe und der Kraft sowie ein gesundes Denken. Gottes Stecken (Liebe) und Stab (Wahrheit) trösten, unterstützen, stärken mich. *Du bereitest vor mir einen Tisch im Angesicht meiner Feinde.*« Natürlich wissen Sie, dass die Feinde in Ihrem eigenen Innern sitzen. Es handelt sich um Angst, Zweifel, Groll, Wut, Selbsthass usw. Das sind jene negativen Gefühle, die Sie selbst erzeugt haben. Sie befinden sich stets in Ihrem Innern, nirgendwo sonst – denn das, was Sie fürchten, existiert gar nicht. Und es muss auch nicht existieren, außer, Sie widmen sich ihm, beachten und empfinden es.

Daher können Sie an jedem Ort über die Gegenwart Gottes nachsinnen. Sie befinden sich im Festsaal des Herrn. In diesem Augenblick können Sie sich durch Ihre beschaulichen Gedanken in Einklang bringen mit dem Unendlichen. Und Sie können davon speisen, das heißt, die nahrhaften Wahrheiten Gottes in sich aufnehmen, sie geistig verdauen und weiter darüber meditieren, denn Gottes Liebe umgibt Sie. Sein Friede erfüllt Ihre Seele, und Sein Licht erhellt Ihren Weg. Auf diese Weise bereiten Sie vor sich einen Tisch im Angesicht des Herrn, der edlen und gebieterischen Macht. Es gibt nur Eine Macht – die Gegenwart Gottes in Ihrem Innern. Denn der Herr ist Gott. Und Gott ist der Ihnen innewohnende Lebendige Geist, das ICH BIN, das »Om« der Inder. Speisen Sie also von jenen nahrhaften Wahrheiten, wann immer Angst oder Sorge Sie plagen. Das Brot, das Sie essen, ist Gottes Vorstellung von Frieden, Liebe, Glauben. Gewiss ist es das Brot des Himmels. *Herr,* sagte er, *gib uns immer mehr von diesem Brot.*

Da Sie über die ewigen Wahrheiten nachdenken, nehmen Sie sie in sich auf. *Ich habe Fleisch zu essen, von dem ihr nichts wisst.* Das Fleisch, das Sie essen, ist die Allmacht des Unendlichen – des Ewig Lebendigen, Allwissenden Einen, der allumfassende Weisheit besitzt und sich aus unerschöpflicher Kraft ständig erneuert. Der Wein, den Sie trinken, ist die Essenz der Freude. Die Weisheit Gottes salbt Ihren Verstand. Sie ist eine Lampe an Ihren Füßen und ein Licht auf Ihrem Weg. Der Becher, der Ihr Herz versinnbildlicht, ist wahrhaftig das Gefäß für die Göttliche Gegenwart. Es ist bis zum Rand gefüllt: *Du schenkest mir voll ein. Gutes und Barmherzigkeit werden mir folgen mein Leben lang.* (Psalm 23,5–6)

Warum? Weil Sie sich Gott zum Hirten gewählt haben. Sie speisen von dieser Wahrheit, die Sie gleichsam zerkauen und wiederkäuen. Wie der Klee, den die Kuh wiederkäut, zu einem Bestandteil der Milch wird, wird die Wahrheit zu einem lebendigen Teil Ihrer selbst. Sie können sie förmlich riechen und schmecken. So verwandeln sich die ewigen Wahrheiten in Ihrem Geist und Ihrem Herz in Harmonie, Gesundheit, Frieden, Inspiration und Unterweisung. Und Ihr Becher fließt über vor Liebe und Freude. Sie verweilen bei der Güte, Wahrheit und Schönheit, denn Sie wohnen jetzt im Haus Gottes.

Nun müssen Sie nicht mehr eine spezifische geistige Haltung einnehmen – sich etwa dem Osten zuwenden und Buddhist werden. Sie brauchen keine Räucherstäbchen, Blumen, Gesänge oder dergleichen. Denn in der wahren Meditation wird Ihnen bewusst, dass solche Requisiten überflüssig sind. Sie können im Zug oder im Flugzeug meditieren; wird dieses dann zwischen Blitz und Donner hin und her geworfen, wissen Sie sicherlich nicht, wo Osten oder Westen, Norden oder Süden ist. Und gewiss haben Sie auch keine Räucherstäbchen, Perlen, Blumen oder Gesänge bei sich. Sobald Sie vom Äußeren ausgehen oder irgendwelche Requisiten benutzen, sind Sie auf der falschen Spur. Der Weg beginnt stets im Innern. Sie meditieren, das heißt, Sie konzentrieren sich auf die Gegenwart Gottes. Das »Zubehör« wird Sie immer im Stich lassen.

Falls Sie in einem entgleisten Zug sitzen, werden Sie bestimmt nicht sagen: »Wo sind die Blumen? Brennen wir ein Räucherstäbchen ab. Lauschen wir einer schönen Musik. Wenden wir uns dem Osten zu. Nehmen wir den Lotossitz ein.« Oder: »Orientieren wir uns in Richtung Mekka.« Wenn Sie dagegen im Innern beginnen und über die wunderbaren Wahrheiten Gottes nachsinnen, wird Ihr Blutdruck niedriger, Ihr Puls langsamer und jedes Ihrer Organe in Licht getaucht. Sie spielen auf Ihrem Körper, der sich aus Molekülen und Lichtwellen zusammensetzt, die Melodie Gottes, des Einen, der ewig ist. Jedes Atom Ihres Seins tanzt dann im Rhythmus der Göttlichen Liebe.

Die Weisheit als heilende Kraft

Phineas Parkhurst Quimby war der größte Heiler, den Amerika je kannte. Er besaß die Gabe der Hellsicht, konnte die Gedanken des Individuums vor ihm lesen und die Ursache seiner Krankheit benennen. Über 60 Prozent der Menschen, die ihn aufsuchten, waren krank aufgrund falscher religiöser Überzeugungen. Er führte die Symptome auf Schuldgefühle, Ängste und ähnliche Gefühle zurück, die von der Kirche hervorgerufen worden waren.

Dr. David Seabury, ein bekannter Arzt und Psychologe, folgte Quimbys Methoden. Einer seiner Heilerfolge, von dem bereits im ersten Kapitel die Rede war, erscheint mir so außerordentlich, dass ich hier noch einmal genauer darauf eingehe. Es ging um jene Frau, die einen schweren Schock erlitten hatte. Von da an war sie gelähmt. Seabury sagte, ihr Gehirn habe keinerlei Botschaften ins Rückenmark übermittelt, das völlig intakt gewesen sei. Mit anderen Worten: Eigentlich war sie mental, quasi im Gehirn gelähmt. Sie konnte nicht mehr gehen. Von der Hüfte abwärts bewegungsunfähig, saß sie im Rollstuhl. Die Ärzte vertraten die Ansicht, dass sich an diesem Zustand nichts mehr ändern werde.

Quimby erklärte, dass Weisheit seine Patienten heile. Er besann sich intensiv auf den Idealzustand, auf Harmonie, Schönheit, Liebe, Frieden, Lebenskraft und Ganzheit. Er sah die Patienten so, wie sie sein *sollten,* und übermittelte ihnen diese Sichtweise, die sie sich dann zu Eigen machten. Dadurch erzielte er bemerkenswerte, ja außergewöhnliche Heilerfolge.

Dr. Seabury sprach mit jener Frau und sagte zu ihr: »Vor der Lähmung sind Sie geritten und geschwommen; Sie sind sportlich. Ich möchte, dass Sie genau das wieder tun. Obwohl Sie gelähmt im Rollstuhl sitzen, stellen Sie sich vor, auf einem Pferd zu sitzen. Sie spüren seine Mähne, streicheln es, Ihre Füße finden Halt in den Steigbügeln, und das alles ist völlig real. Besinnen Sie sich auf die Wirklichkeit dieser Erfahrung, gestalten Sie sie lebendig. Vergegenwärtigen Sie sich den Ablauf. Sie berühren das Pferd, reiten, überspringen einen Zaun, und es geschieht tatsächlich. Sie *sehen* sich nicht nur reiten, sondern *sitzen* auf dem Pferd. Sie fühlen die Wirklichkeit des Ganzen mit dem von Ihnen gesteuerten Wahrnehmungsvermögen – wie ein Schauspieler, der sich in seine Rolle vertieft und die Eigenschaften seiner Figur deutlich hervorhebt. Er lebt darin. Er sieht sich nicht auf der Leinwand, beobachtet sich nicht dabei, wie er etwas tut. Er tut es. Er fühlt die Wirklichkeit dessen, was er darstellt.«

Er fuhr fort: »Machen Sie das mehrmals täglich. Stellen Sie sich außerdem vor, dass Sie schwimmen. Sie spüren das kalte Wasser, die Bewegung des Körpers. Alles ist wirklich. Jemand gratuliert Ihnen zur Überquerung des Sees usw.«

Sie absolvierte diese Übung drei oder vier Mal täglich jeweils 15 bis 20 Minuten lang, indem sie ihre Vorstellungskraft benutzte und die Wirklichkeit des Geschehens empfand. Er sagte: »Es kommt der Tag, an dem Sie gehen können.« So ging es Wochen und Monate weiter.

Plötzlich hatte die Frau hohes Fieber. Der Arzt kam, gab ihr ein Antibiotikum und riet ihr, wegen des hohen Fiebers im Bett zu bleiben. Sie hatte nur ein Kind, einen Sohn, der in Indien lebte. Dr. Seabury hatte mit ihm vereinbart, dass er seine Mutter im Krankenhaus anruft, und ihr wurde mitgeteilt, diesen Anruf zu einem festgesetzten Zeitpunkt entgegenzunehmen. Die Schwestern sollten sich dann nicht in deren Zimmer aufhalten. Das Telefon stand etwa sechs Meter vom Bett entfernt.

Man darf nicht vergessen, dass sie lange Zeit meditiert hatte. Schließlich läutete das Telefon – und läutete. All das war so eingeplant worden. Sie erhob sich vom Bett, um an den Apparat zu gehen und einen Anruf der Liebe zu erhalten. Sie liebte nämlich ihren Sohn über alles. Und nun hörte sie seine Stimme am anderen Ende der Leitung. Dr. Seabury erzählte, danach habe sie wieder gehen können – bis zu ihrem Tod im 90. Lebensjahr.

Derartige »Wunder« sind so normal wie die Atmung, die Nahrungsaufnahme oder die Blutzirkulation. Dem haftet nichts Merkwürdiges an. Die Frau hatte ihre ganze Aufmerksamkeit auf etwas Sinnvolles und Heilsames gerichtet. Schließlich kann der Geist in ihr nicht gelähmt werden. Anfangs war sie mental gelähmt; die Tragödie, der Schock und die daraus resultierende große Angst hatten ihr schwer zugesetzt. Wie Dr. Seabury sagte, handelte es sich im Grunde um eine Lähmung des Gehirns, um eine psychische Paralyse. Das Rückenmark war in keiner Weise verletzt. Aber man sieht, welch wunderbares Ergebnis sie mit ihrem geistigen Einsatz erzielte.

Sir Isaac Newton wurde einmal gefragt, wie er seine großartigen Entdeckungen machte, worauf er erwiderte: »Ich habe meine Gedanken in eine bestimmte Richtung gelenkt.«

Welche Art von geistigem Einsatz leisten Sie? Wenn Sie Arzt sind, können Sie Ihre Zeit und Ihre Aufmerksamkeit einbringen und sagen: »Jeder Patient, den ich berühre, wird auf wundersame Weise geheilt. Die von mir verschriebenen Medikamente sind genau die richtigen. Ich werde dazu geführt, die passende Behandlungsmethode anzuwenden. All meine Operationen werden mit Hilfe der Wundersamen Heilkraft vorgenommen, denn es gibt nur Eine Macht.« So oder ähnlich investieren Sie Ihre Energie und Ihre Zeit sinnvoll und erreichen die entsprechenden Resultate, eben weil Sie Ihre Vorstellung mit Leben und Liebe ausfüllen.

Wie ich bereits erwähnte, brauchen Sie keine spezifische geistige Haltung mehr einzunehmen. Tun Sie es trotzdem, sind Sie immer auf dem Holzweg, da Sie vom Äußeren ausgehen. In Indien wird gelehrt, dass man im Innern beginnen muss – das ist das Yoga der Liebe. Dann erfährt jedes Atom Ihres Seins eine tief greifende Veränderung. Wenn Sie in Frieden leben und geistig ausgeglichen sind, brauchen Sie sich nicht um hohen Blutdruck, beschleunigten Puls, Geschwüre usw. zu sorgen, denn derlei gibt es nicht, wo Ruhe, Harmonie, Freude und Liebe vorherrschen.

Die transzendentale Meditation erhebt den Menschen über die Verwirrungen, Mühen und Leiden der Welt. Das ist wunderbar. In Indien geben sie einem das Mantra »Om«, das man ständig wiederholt. Es bedeutet Sein, Leben, Bewusstheit oder auch Gott, Lebendiger Geist und entspricht dem ICH BIN in der jüdisch-christlichen Bibel. Eigentlich hat es keinen Namen. Doch nicht die Lautbildung oder die Aussprache, nicht der Klang des Mantras ist entscheidend, sondern seine tiefere Bedeutung. Richtig verstanden bezeichnet es grenzenlose Liebe, unendliche Intelligenz, absolute Harmonie, höchste Freude, Allmacht und umfassende Weisheit. All diese Qualitäten sind in Ihrem Hinterkopf, wenn Sie »Om« sagen und erkennen, dass sie in Ihren Gedanken, Worten und Taten, in jedem Bereich, jeder Phase Ihres Lebens zum Ausdruck kommen. Das ist im eigentlichen Sinne eine transzendentale Meditation.

Es genügt nicht, nur die Silbe oder das Wort auszusprechen. Sie müssen dessen Bedeutung erfassen. Zum Beispiel können Sie sich 15 oder 20 Minuten lang »Coca Cola« vorsagen. Schließen Sie die Augen, entspannen Sie sich und sagen Sie: »Coca Cola, Coca Cola, Coca Cola.« Sie werden zwar in einen ruhigen Geisteszustand gelangen, aber wahrscheinlich wird nicht viel dabei herauskommen. Sagen Sie lieber »Om« oder »ICH BIN« – was zahlreiche Mystiker wie auch einige unserer größten Dichter getan haben –, und Sie werden imstande sein, Ihren Körper zu verlassen. Das heißt, Sie stellen fest, dass Sie sich in der nächsten Dimension des Lebens befinden und ein tiefes Gefühl von Ruhe verspüren. Daran ist überhaupt nichts verkehrt.

Sie erfahren einfach Glückseligkeit und inneren Frieden.

Doch vergessen Sie nicht: Sie leben zugleich in einer objektiven Welt. Und Sie sind hier, um Frieden und Harmonie zum Ausdruck zu bringen und Hand ans Werk zu legen. Die Ergebnisse Ihrer Meditation müssen in Ihrem Körper, Ihrem häuslichen Leben, Ihrer Umgebung, Ihren Beziehungen zu den Menschen am Arbeitsplatz, in Ihrer Kunst wie auch in sämtlichen Lebensphasen zum Vorschein kommen. Sie bewohnen zwei Welten: die subjektive und die objektive Welt. Sie können nicht die ganze Zeit in der Luft leben. Ihre Grundanschauungen und Vorstellungen müssen konkrete Gestalt annehmen.

Ein herrliches Gefühl von Ruhe kann Ihre Seele ausfüllen, während Sie über den Gott des Friedens nachsinnen. Wie gesagt, Sie sind in einer subjektiven und in einer objektiven Welt. Folglich müssen die Früchte Ihres Geistes tatsächlich in Erscheinung treten. Daher fragen die Menschen: »Wo finden sich die Früchte des Geistes?« Wo ist Ihr Friede, Ihre Harmonie, Freude, Fülle, Sicherheit, Hellsicht, wo zeigen sich Ihre schöpferischen Ideen? Sind Sie etwa völlig abwesend, versunken in eine andere Welt? Oder übertragen Sie Ihre Vorstellungen, Ihre Göttlichen Wahrheiten in Form und Funktion, in Erfahrung und Ereignis? Denn der Glaube ohne Werke ist ein toter Glaube. Diese Werke setzen sich zusammen aus Ihren beruflichen Tätigkeiten, Ihrem häuslichen Leben und all Ihren unterschiedlichen Lebensphasen.

Sie sind demnach aufgefordert, die Ergebnisse Ihrer Meditation darzustellen, zu veranschaulichen, zu bezeugen. Diese müssen in Ihrer Kunst sichtbar werden, damit wir zum Beispiel angesichts Ihrer herrlich gemalten Madonna erkennen, dass Sie lange über die unbeschreibliche Schönheit Gottes meditiert haben. Zwangsläufig bringen Sie dann auch Schönheit hervor – oder Liebe, wenn Sie über Liebe meditieren.

Dr. Fox, Autor des Buches *Sermon on the Mount,* erzählte einmal die Geschichte eines seiner Patienten, der voller Groll und Hass auf Bankiers und andere Leute aus der Finanzbranche war. Dr. Fox empfahl ihm, jeden Tag in die Wall Street zu gehen, zwei Stunden dort zu stehen und jede x-beliebige Person, die aus einer Bank oder dem Büro eines Börsenmaklers kommt, zu segnen mit den Worten: »Gott erfüllt Ihre Seele.« Das sollte der Mann tun, und er tat es auch. Obwohl er sich anfangs sträubte, verbrachte er täglich zwei Stunden in der Wall Street. Dr. Fox sagte, der Patient sei auf wundersame Weise von seinem Hass geheilt worden.

Warum? Gottes Liebe füllte seine eigene Seele aus. Er dachte über die Liebe nach, und nach einer Weile nahm er sie in sich auf, verdaute sie gleichsam, bis sie zu einem Teil seiner selbst wurde. Gewiss löst die Göttliche Liebe alles auf, was ihr nicht entspricht. Das ist die Folge der wahren Meditation.

Der bedeutende kroatisch-amerikanische Physiker Nikola Tesla kam – wie alle großen Wissenschaftler – auf seine Entdeckungen und Erfindungen durch meditatives Nachdenken. Einmal wurde er von einem Reporter gefragt, auf welche Weise er so wunderbare Entdeckungen wie die des Wechselstrommotors und zahlreiche andere, die hier gar nicht alle aufgeführt werden können, gemacht habe. Er antwortete: »Es geschieht Folgendes. Mir kommt eine Idee. Ich schließe die Augen, werde ganz ruhig und sage: ›Die Unendliche Intelligenz gab mir diese Idee ein.‹ Es ist eine rohe Idee, gewiss, aber sie enthält schon alle wesentlichen Bestandteile. Sie vervollständigt den vorgestellten Gegenstand in meinem Kopf, und jeden Tag beschäftige ich mich erneut damit, sitze still da und erkenne, dass die Unendliche Intelligenz sämtliche Teile nach und nach einfügt; jedes Detail ist ausgeführt, bevor ich die Sache dem Techniker übergebe. Mein Verfahren hat nichts mit der Trial-and-Error-Methode zu tun. Die ganze Sache ist vollendet in meinem Kopf; dann beauftrage ich damit den Techniker. Das Urmodell befindet sich in meinem Denken; dann wird davon eine entsprechende Nachbildung angefertigt.«

Und natürlich gehen alle großen Erfinder so vor. Sie machen ihre Entdeckungen, indem sie intensiv darüber nachdenken und sich deren Wirklichkeit bildhaft vorstellen. Machen Sie also aus der Meditation nichts Geheimnisvolles, denn Sie meditieren ständig über die wunderbaren Wahrheiten Gottes, die durch sämtliche Zeiten hindurch unverändert bleiben.

Ein Mörder ist des vorsätzlichen Mordes angeklagt. Gewiss grübelt er nach, überlegt in aller Ruhe, wie er eine bestimmte Person umbringen kann. Er entwirft einen Plan, ist voller Wut, Groll und Hass. Seine Meditation ist durchaus effektiv. Indem er damit fortfährt, entsteht ein unterbewusster Zwang. Dann besorgt er sich eine Waffe oder einen anderen Gegenstand und tötet diese Person. Deshalb spricht man von »vorsätzlichem *(premeditated)* Mord«.

In der Bibel ist die Rede von den *Mördern des Herzens*. Das Herz ist Ihr Unterbewusstsein. Wenn Sie durch Groll, Hass, Eifersucht oder ähnlich destruktive Gefühle die Liebe, den Frieden und die Harmonie zerstören, so vernichten Sie auch die Lebenskraft, die Begeisterung, mithin alle Wahrheiten Gottes. Wenn Sie derartige Verhaltensmuster häufig wiederholen, werden sie schließlich Ihrem Unterbewusstsein eingeprägt – und das Unterbewusstsein ist jene Macht, die die Welt bewegt. Sein Gesetz besteht im Zwang; daher sind Sie gezwungen, zu schießen, zu töten oder was auch immer zu tun.

Aber auch Menschen, die Ihre Gedanken auf Liebe, Frieden, Harmonie, Freude, Inspiration und Erleuchtung richten, sind gezwungen, diese Wahrheiten zum Ausdruck zu bringen. Wer übermäßig viel trinkt, ist zur Nüchternheit gezwungen, wer von innerer Unruhe getrieben wird, ist zu geistigem Frieden gezwungen. Und jener Mörder, von dem ich an vorheriger Stelle sprach, der regelmäßig und systematisch über die Gegenwart Gottes nachsann, war gezwungen, ein glühender Verehrer Gottes zu werden. Er konnte seine früheren Fehler nicht wiederholen, eben weil das Gesetz des tieferen Bewusstseins im Zwang begründet ist. Er musste anderen Menschen helfen, in Gefängnisse gehen, mit den Insassen sprechen usw.

Das trifft auf jeden »geheilten« Kriminellen zu. Er kann nicht noch einmal den alten Irrtümern erliegen, weil er ein neuer Mensch in Gott geworden ist, gleichsam ein Göttlicher Zwang, ein Streiter Gottes. Erkennen Sie die wunderbaren Wahrheiten in Ihrem Innern.

Eine Sängerin zum Beispiel hat Angst davor, einen Ton nicht richtig zu treffen. Was tut sie? Sie geht in sich, meditiert, übt immer wieder diesen Ton ein. Gott ist ein großer Sänger und Musiker – und zugleich ein bewundernswerter Komponist. Die ganze Welt ist *eine* Symphonie Gottes, denn »Universum« bedeutet wörtlich »das in sich gewendete Eine«. Gott singt ein Lied, und dieses Lied ist die Menschheit. Jede Manifestation im Universum, das sich aus Wellen, Verdichtungen, Stärkegraden zusammensetzt, ist in Schwingung begriffen. Während der mystischen Meditation kann man die harmonische Musik der Sphären vernehmen, weil alles tönt und singt. Und so sagt sich die Sängerin: »Gott singt, spricht und handelt durch mich. Ich singe in erhabenen Kadenzen. Das Lied erklingt aus meinem Innern und betört die Seelen der Menschen. Ich bin ausgeglichen, gelassen, ruhig, entspannt und ohne Sorge. Gott singt durch mich. Er hat meine Stimmorgane erschaffen. Es gibt nur eine Stimme: die des Einen, der ewig ist.«

Das wiederholt sie ständig, drei oder vier Mal täglich, jeweils fünf bis zehn Minuten lang. In der Meditation verstärkt sie die Rolle, die sie in der Wirklichkeit spielen möchte. Sie wünscht sich, ausgeglichen und gelassen zu sein. Sie will ein Lied hervorbringen, das die Menschen im Innersten berührt. Und deshalb gibt sie sich in der Stille ihrer eigenen Seele immer wieder ihrem meditativen Selbstgespräch hin.

Meditation ist die diziplinierte durchgeführte Übung,

den Blick nach innen zu richten. Wir wenden uns dem Einen, dem Guten und Schönen zu. Was wir verstehen, gehen wir auf ganz natürliche Weise an; was wir nicht verstehen, tun wir nur mit großer Selbstüberwindung. Schüler berichten dem Lehrer häufig, wie sehr sie sich mit den zu lösenden Aufgaben abgemüht hätten. Doch gerade solch enorme Anstrengung führt zum Misserfolg. Die Meditation hingegen, in der man von den Wahrheiten Gottes speist, geht immer mühelos vonstatten. Anspannung, Druck, übermäßiger Kraftaufwand haben nur Versagen zur Folge. Es gibt eine hervorragende Methode, den Geist zu besänftigen: Stellen Sie sich vor, abends von einem Berggipfel auf einen See zu blicken. Das ist so einfach und realitätsnah, dass Sie es einem achtjährigen Kind beibringen können. Auf der ruhigen Wasseroberfläche sehen Sie den Himmel, die Sterne, den Mond und all das, was sich über der Erde befindet. Wenn die Wasseroberfläche aufgewühlt ist, sind die gespiegelten Dinge undeutlich, verschwommen. Genauso verhält es sich mit Ihnen. Sie sind nicht ruhig, nicht friedlich. Doch Antwort auf das Gebet erhalten allein jene, die in völliger Ruhe über die Freude nachsinnen, dass sie bereits empfangen haben, wofür sie beten.

Meditation ist die nachdenkliche Betrachtung der Wahrheiten Gottes vom höchsten Standpunkt aus – gleichsam eine innere Pilgerfahrt. Gelangen Sie zu der Einsicht, dass eine tägliche, halbstündige Meditation über Ihre Ideale, Wünsche und Ziele Sie in wenigen Monaten zu einem anderen Menschen machen wird.

Sanft und still erkennen Sie an, dass Gott in Ihrem Innern ist. Der Geist des Allmächtigen wirkt jetzt zu

Ihren Gunsten. Und das, was Sie gerne sein, tun, besitzen würden, ist schon eine Tatsache in Ihrem Geist. Werden Sie sich der tiefen Wahrheit bewusst, dass innere Loslösung der Schlüssel zur Meditation ist. Das heißt, Sie müssen die falschen Überzeugungen und Meinungen der Welt zurücklassen und sich schweigend auf die Wahrheiten des Einen konzentrieren, der bis in Ewigkeit fortbesteht. Es ist diese mühelose Bemühung, die uns dem annähert, was wir ohne Konflikt verwirklichen.

Innere Loslösung bedeutet nicht, dass wir unsere wenigen irdischen Besitztümer aufgeben, sondern unsere besitzergreifende Art, unsere Bindungen, die uns in allen Fragen auf einen allzu menschlichen Standpunkt festlegen. Mit anderen Worten: Wir widerstehen den irrigen und verderblichen Auffassungen, die in der Welt zirkulieren. *Sei still und wisse.* Still sein heißt nicht nur zu schweigen, sondern zu erkennen, dass die Ursache für jede Störung des Innenlebens im eigenen Selbst liegt; dass es keine solche innere Unstimmigkeit geben darf; dass man, wenn man in sich geht, vielmehr vollkommenen und dauerhaften Frieden finden muss – im Wissen, dass Gott oder der Lebendige Geist einem innewohnt. Dadurch lebt man in einer Welt, die immer friedlich ist, denn Er ist der Lenker, Berater, Meister. Andernfalls lebt man unter einer Reihe von Bedingungen, die bis ans Lebensende Kummer und Qual bereiten. Man regt sich über Dinge auf, die, aus einem anderen Blickwinkel betrachtet, nicht einen Moment des Unglücklichseins heraufbeschwören würden.

Sie können auf dem Times Square in New York genauso meditieren wie auf dem Hollywood Boulevard.

Sie brauchen nicht in ein Ashram oder ein Bergkloster zu gehen, denn Gott wohnt Ihnen inne, und Sie haben die Möglichkeit, jetzt unter einem Baum, in der Stille Ihres Hauses oder irgendwo sonst mit Ihm zu sprechen. Im Flugzeug, im Zug oder sogar auf der Fahrt zur Arbeit können Sie meditieren. Da ist kein Geheimnis, kein Trick, und Sie müssen auch nicht 1000 Dollar bezahlen, um meditieren zu lernen, denn niemand kann Ihnen das beibringen.

An jedem Tag des Lebens sollten wir uns auf Schönheit, Liebe und Frieden besinnen und das Gefühl haben, dass diese Qualitäten in uns zu neuem Leben erwachen. Während wir täglich über die innere Schönheit meditieren und merken, dass die Liebe, das Licht und die Herrlichkeit des Unendlichen durch uns strömen, oder – wie etwa der englische Dichter Alfred Lord Tennyson – regelmäßig über das biblische ICH BIN beziehungsweise das indische »Om« –, um wie die alten Mystiker dessen tieferen Sinn zu erkennen, stellen wir fest, dass die Lebenskraft aus unserem Hinterkopf aufsteigt. Der so genannte Körper erscheint uns dann ein wenig unwirklich – er verwandelt sich in Lichtwellen; und auch die Erde, auf der wir sitzen, fühlt sich seltsam an. Das äußere Leben wird zum Traum; das innere Leben aber erwacht und öffnet sich zu immer tieferen Räumen. Schließlich verschmelzen wir damit, berühren das Unendliche Sein in uns – und begreifen, dass wir am Ende des Weges nach innen das Universum entdeckt haben. All dies geschieht durch mühelose Bemühung. Sobald irgendeine Anstrengung unternommen wird, kommt der Prozess jäh zum Stillstand.

Uns wird bewusst, dass Sonne und Mond, Planeten

und Sterne sich im Innern befinden. Zum ersten Mal wissen wir, dass diese kosmischen Körper Gedanken sind; dass unser Bewusstsein sie alle in sich vereinigt und in Bewegung hält; dass ihrerseits die Gedanken des Denkers und die Träume des Träumers zeitweilig den Raum durchqueren. Gott oder der Göttliche Geist meditiert über die Geheimnisse seiner selbst. Diese innere Reise führt uns letztlich zum Wirklichen – weg vom Gefühl, ein unbedeutendes Dasein zu fristen, hin zu der Erkenntnis des Ewigen Selbst, des Unumschränkten Einen, der in jedem Herz lebt, denn wir alle sind Geist.

Sie sind jetzt Geist. Wann hören Sie auf, Geist zu sein? Niemals. Denn es ist der Lebendige Geist, die Gegenwart Gottes, die Ihnen innewohnen. Und Sie bringen Ihren Geist allmählich in den gewünschten Zustand, indem Sie sich John Jones oder Sally Smith nennen. Der Geist des Mystikers findet durch die Meditation die innere Ruhe, Kraft und Seelenstärke für alle weiteren Schritte. Die konsequente Einübung der Meditation, die der Besinnung auf die Gegenwart Gottes entspricht, auf die Gegenwart von Harmonie, Frieden, Schönheit, Liebe, Freude, Weisheit, richtigem Handeln und Verständnis, bewirkt, dass diese Qualitäten – wie auch Anmut und Würde – in jeder Einstellung, Regung oder Tat wiederhergestellt werden.

Jeder Tag unseres Lebens sollte damit beginnen, dass wir unsere Aufmerksamkeit auf die Schönheit, Pracht und Tiefgründigkeit des Ewigen, Unveränderlichen Einen in unserem Innern lenken. So finden wir einen immerwährenden Frieden, der sich jenseits der Sterne, in der Raum- und Zeitlosigkeit ausdehnt. Wenn wir erfüllt sind von hohen Idealen und allumfassende Gedanken hegen, schwinden die belanglosen Dinge des Lebens dahin und sinken ins Vergessen. Unsere Seele ist durchdrungen von der Herrlichkeit des Ganzen, und die Beschränkungen unseres Alltags lösen sich in Luft auf. Wir stellen fest, dass diese glückliche Gemütsverfassung uns Auftrieb gibt und mit dem Geist des Unendlichen in Beziehung bringt, derweil Habgier, Neid, Zwietracht sowie andere einengende Gefühle, Vorstellungen und Zustände, die uns an das Rad des Leidens binden, aus unserer inneren und äußeren Welt weichen, in der Freude an der Wahrheit sich auflösen.

Dann entwickeln wir uns zu Bürgern des reinen Gewissens. Wir werden eins mit den universellen Prozessen und Perspektiven. Die ganze Welt ist unser Land, und die gute Tat unsere Religion. Die ständige Meditation versetzt Ihren Geist in Schwingung, als wäre er von Göttlicher Harmonie berührt worden. Und ein pulsierendes, pochendes Gefühl ergreift Besitz von Ihnen. Viele Menschen erfahren es als Schauer, der ihnen über den Rücken läuft, so als würde Gottes Melodie auf der Wirbelsäule gespielt. Das ist eine wunderbare Empfindung. Sie können sie überall haben. Besinnen Sie sich auf den Einen, der für immer in Ihrer Seele wohnt. Sie sind fähig, am verborgenen Ort zu weilen. Er liegt in Ihrem eigenen Geist, wo Sie mit Gott sprechen und gehen.

Niemand weiß, worüber Sie heute Morgen nachdenken. Vielleicht spülen Sie gerade Geschirr und schließen die Augen, um eine tiefe Wahrheit in Betracht zu ziehen – zum Beispiel die Liebe als Idee, oder konkreter, die Liebe einer Mutter, die ihren behinderten Sohn zu unzähligen Badekurorten und Reliquienschreinen begleitet, damit er geheilt werde. Oder die Liebe eines Vaters, der Überstunden macht und nichts unversucht lässt, damit seine Tochter wieder gesund wird. Außerdem gibt es die Liebe eines Matrosen oder eines Soldaten. Er sagt sich: »Ich bin alleinstehend, und die anderen Jungs sind verheiratet und haben Kinder.« Er opfert sein Leben für sie.

Sie können über die Liebe zur Musik, zur bildenden Kunst, zum Leben und zu den wunderbaren, ewigen Wahrheiten Gottes nachsinnen – vielleicht eine halbe oder ganze Stunde lang. Doch all die Liebe, die Sie in Betracht ziehen, bildet nur einen verschwindend kleinen Bruchteil des unendlichen Ozeans der Liebe – denn Gott ist Liebe. Bedenken Sie also, wenn Sie sich mit dem folgenden Mantra hingesetzt haben, dass es das größte ist: ICH BIN oder »Om«. Und vergewissern Sie sich, dass Sie genau wissen, was es bedeutet und welchen Sinn es speziell für Sie hat.

Das Wort allein besagt gar nichts. Entscheidend ist, wie Sie dessen innere Wahrheit auffassen und empfinden – ob es für Sie tatsächlich grenzenlose Liebe, unendliche Intelligenz, absolute Harmonie ausdrückt, die jedes Atom Ihres von oben inspirierten Seins und Geistes durchdringen. Deshalb können Sie auch sagen: »Gott ist Liebe, die meine Seele erfüllt.« Das ist ebenfalls ein wunderbares, unübertreffliches Mantra. Die Liebe löst alles auf außer sich selbst, eben weil Gott Liebe ist. Wer in der Liebe lebt, lebt in Gott, und Gott lebt in ihm.

Liebe ist das universale Lösungsmittel, das weder Höhe noch Tiefe, weder Länge noch Breite hat, weder kommt noch geht. Es erfüllt den Raum. Schon die alten Weisen bezeichneten die Liebe als Kraft, die alles ins Leben ruft, alles am Leben erhält. Also ist Gott Liebe. Sie durchdringt Ihre Seele, lässt zergehen, was Ihr nicht entspricht. Das ist das herrlichste Mantra überhaupt. Es kostet nichts und steht jedem Menschen zur Verfügung. Sie können es benutzen, in sich aufnehmen und geistig verdauen. Gott *ist*, und alles ist Gott – in allem, durch alles, über allem und alles in allem. Gottes Licht erhellt Ihren Weg, denn Er ist Liebe, Liebe in Ihrem Herzen.

Zusammenfassung

- *Die Meditation ist jenes Gespräch, das Sie im Innern mit sich selbst führen, wenn Sie allein sind. Diese innere Rede nimmt stets äußere Gestalt an, denn sie bringt zum Ausdruck, woran Sie wirklich glauben. Wenn Sie meditieren oder beten, sollte ein wunderbares Gefühl von Frieden Ihre Seele ausfüllen.*

- *Jeder Mensch meditiert. Sie können, etwa beim Autofahren, Ihre Gedanken auf die Tatsache lenken, dass Gott Sie jetzt leitet, dass richtiges Handeln an oberster Stelle steht, dass Göttlicher Friede Ihren Geist erfüllt, Göttliche Liebe Ihre Seele durchdringt und Ihnen heute wie morgen vorausgeht, um den Weg zu ebnen, zu vervollkommnen und Freude zu bescheren.*

- *Wenn Ihnen ein negativer Gedanke kommt, so löschen Sie ihn aus mit positiven Gedanken wie diesem: ›Gott ist Liebe, und Sein Friede erfüllt meine Seele.‹*

- *Sie brauchen keine spezifische geistige Haltung mehr einzunehmen. Tun Sie es trotzdem, sind Sie immer auf dem Holzweg, da Sie vom Äußeren ausgehen. In Indien wird gelehrt, dass man im Innern beginnen muss, das ist das Yoga der Liebe. Dann erfährt jedes Atom Ihres Seins eine tief greifende Veränderung.*

- *Die Ergebnisse Ihrer Meditation müssen in Ihrem Körper, Ihrem häuslichen Leben, Ihrer Umgebung, Ihren Beziehungen zu den Menschen am Arbeitsplatz, in Ihrer Kunst wie auch in sämtlichen Lebensphasen zum Ausdruck kommen. Sie bewohnen zwei Welten: die subjektive und die objektive Welt. Sie können nicht die ganze Zeit in der Luft leben. Ihre Grundanschauungen und Vorstellungen müssen konkrete Gestalt annehmen.*

- *Meditation ist die diszipliniert durchgeführte Übung, den Blick nach innen zu richten. Wir wenden uns dem Einen, dem Guten und Schönen zu. Was wir verstehen, gehen wir auf ganz natürliche Weise an; was wir nicht verstehen, tun wir nur mit großer Selbstüberwindung.*

- *Meditation ist die nachdenkliche Betrachtung der Wahrheiten Gottes vom höchsten Standpunkt aus –*

gleichsam eine innere Pilgerfahrt. Gelangen Sie zu der Einsicht, dass eine tägliche, halbstündige Meditation über Ihre Ideale, Wünsche und Ziele Sie in wenigen Monaten zu einem anderen Menschen machen wird.

- *Jeder Tag unseres Lebens sollte damit beginnen, dass wir unsere Aufmerksamkeit auf die Schönheit, Pracht und Tiefgründigkeit des Ewigen, Unveränderlichen Einen in unserem Innern lenken. So finden wir einen immerwährenden Frieden, der sich jenseits der Sterne, in der Raum- und Zeitlosigkeit ausdehnt. Wenn wir erfüllt sind von hohen Idealen und allumfassende Gedanken hegen, schwinden die belanglosen Dinge des Lebens dahin und sinken ins Vergessen. Unsere Seele ist durchdrungen von der Herrlichkeit des Ganzen, und die Beschränkungen unseres Alltags lösen sich in Luft auf.*

DRITTES KAPITEL

Das wahre Geheimnis der Spiritualität

Die Sphinx

Ihre Angesichter waren vorn gleich einem Menschen und zur rechten Seite gleich einem Löwen bei allen vieren und zur linken Seite gleich einem Stier bei allen vieren und hinten gleich einem Adler bei allen vieren. (Hesekiel 1,10)

Um der Verkörperung willen kam aus dem Absoluten eine Emanation, die sich in zwei Bewusstseinsströme namens Vater und Mutter teilte. Die Mutter wird oft das große Meer der Substanz oder des Lichts genannt, in dem sich der Vater spiegelte. Die Begriffe »Meer« oder »Mare« setzt man manchmal mit dem Ausdruck »Jungfrau Maria« gleich. Der erste Schritt in die Manifestation bestand also darin, dass das Eine Sein sowohl zum Männlichen wie zum Weiblichen wurde.

Der Mensch hat einen (männlichen) Geist, das Bewusstsein, und einen (weiblichen) Geist, das Unterbewusstsein, die einfach zwei Ebenen des einen universalen Bewusstseins in besonderer oder individualisierter Form darstellen.

Es wäre verwirrend, Gott als Geist zu bezeichnen, wenn man die Bedeutung von »Geist« nicht verdeutlichte. Der subjektive Geist des Menschen ist Gott im Menschen. Das Bewusstsein aber denkt logisch, zergliedert und untersucht. Mit anderen Worten: Es ändert sich ständig, wohingegen Gott sich niemals ändert. *Er ist der Gleiche gestern, heute und für immer.* Demnach kann das Veränderliche nicht als »Gott« apostrophiert werden. Das logische Denken und die Untersuchung an die erste Stelle setzen hieße, das Eine Sein der Allwissenheit und der Unbegrenzten Intelligenz verleugnen. Natürlich stimmt es, dass alles Gott ist; trotzdem halten wir es der Klarstellung wegen für notwendig, zwischen den beiden Ebenen des Geistes zu unterscheiden. Die mentale Funktion oder Ideenbildung ist daher *nicht* Teil der Funktionsweisen des menschlichen subjektiven Geistes. Alle Dinge in der Welt wurden durch die Selbstbetrachtung des Göttlichen Geistes geschaffen, denn es gibt nur diesen. Geist kann als höchste Stufe der Materie und Materie als niedrigste Stufe des Geistes angesehen werden. Einfacher ausgedrückt: Alle Dinge in der Welt – zum Beispiel die vier Grundelemente, die Meere, die Bäume, die Sonnen, die Sterne usw. – sind bloß unterschiedliche Verdichtungsgrade des Grenzenlosen Lichts. *Ich bin das Licht der Welt.* Es gibt nichts als Licht – in den Augen einiger Wissenschaftler ein Meer szintillierender Energie, die ewig in sich selbst kreist. Wir blicken in den Weltraum, und er erscheint uns fast leer, aber dieses strahlende Licht, diese funkelnde Energie wirbelt immerzu um sich selbst.

Die Alten stellten sich Gott als einen Kreis ohne Anfang und Ende vor. Er ist ohne Gesicht, Form und Figur, grenzenlos, unendlich, zeit-, raum- und geräuschlos, weshalb man Ihn manchmal auch den Schweigsamen oder Unbewegten nennt. Er hegt den Wunsch, sich selbst Ausdruck zu verleihen, was Bewegung oder Aktivität zur Folge hat, so dass die ebenso ursprüngliche wie unaufhörliche Bewegung aus dem Bewusstsein oder Gott hervorströmt. Alle anderen Bewegungen oder Schwingungen im Universum sind dann lediglich deren Abwandlungen.

Betrachten wir diesen Punkt auf ganz einfache Weise. Gott wird zum Menschen, indem Er sich vorstellt, Mensch zu sein. *Die Welt wurde nicht gemacht, sondern erzeugt*. Das Wort »erzeugt« bedeutet, dass sie durch Gottes Sein gewonnen wurde; im Grunde wird also nichts gemacht oder geschöpft. Vielmehr wird Gott zu all den Dingen, die Er sich in unkörperlichem Zustand vorgestellt hat. Im ersten Kapitel der Genesis lesen wir vom unkörperlichen Menschen oder Adam oder Gott (alle drei meinen das Gleiche, da es einzig und allein den Menschen gibt), der glaubt, alle Dinge zu sein (Erde, Bäume, Gras, Kraut, Meer, die Fische im Meer, die Vögel in der Luft, Sonne, Mond und Sterne), und doch nichts im Besonderen ist, nichts, das danach verlangte, Ihn auszudrücken oder als einzelne Form darzustellen. Hier wird die Geschichte des Menschen erzählt, der sich im Paradies befindet – in einem wunschlosen Zustand. *Du warst im Garten Eden, und der Rubin war dein Kleid*. Als er dann den Ausdruck seiner selbst ersehnte, stellte Er sich eine Welt mit Sonne, Mond, Sternen, Meeren, Kontinenten vor – sowie alle Dinge, die darin enthalten sind.

Diese waren lediglich Ideen oder Archetypen, noch nicht objektiviert im Spiegel des Raumes, ehe Er schließlich Mensch wurde, begrenzt von Wünschen. Der Mensch ist sowohl bedingt als auch unbedingt. Der unbedingte Zustand ist Gott oder das Absolute; der bedingte Zustand ist Gott, der sich in Gestalt dieses oder jenes Menschen definiert. Der Mensch ist Gott, der sich selbst begrenzt, indem er sich als Menschen vorstellt. Das Zeitlose Eine macht sich jetzt Vorstellungen von Dingen in der Zeit; das Grenzenlose Eine macht sich jetzt Vorstellungen von Grenzen und Beschränkungen; das Raumlose Eine macht sich jetzt Vorstellungen von Dingen im Raum. Der Mensch hat vergessen, dass die ganze Welt ihm gehört, und so kämpft er auf einem winzigen Stück Land.

Im zweiten Kapitel der Genesis erscheint zuerst der Mensch, und alle im ersten Kapitel genannten Dinge folgen, als wären sie von vornherein nur Gedanken, die er hegt. Die Erde existiert, damit der Mensch auf ihr gehe; sie ist da, weil er sie ins Dasein träumte. *Was ist der Mensch, dass du an ihn denkst?* Gottes Geist ist erfüllt vom Menschen; es gibt nichts als den Menschen, und alle Dinge sind gleichsam Erweiterungen dieses einen Menschen.

Im antiken griechischen Mythos gab die Sphinx jedem vorbeiziehenden Thebaner ein Rätsel auf, und wer es nicht lösen konnte, wurde von ihr auf der Stelle verschlungen. Die Frage lautete: »Welches Wesen, das nur eine Stimme hat, hat manchmal zwei Beine, manchmal drei, manchmal vier?« Die Antwort sollte lauten: »Der Mensch, denn er kriecht als Säugling auf allen vieren, geht dann aufrecht auf seinen zwei Füßen, bis er sich schließlich im hohen Alter geschwächt auf einen Stock stützt.«

Diese Erklärung ist jedoch nicht richtig. Vielmehr liegt die tiefere Bedeutung des Rätsels in folgender Tatsache: Der größte Teil des Menschengeschlechts geht weiterhin auf vier Beinen, das heißt, unser Geist ist auf das Weltliche gerichtet; wir stillen unsere Bedürfnisse, frönen unseren Leidenschaften und haben die Gesetze des Lebens sowie die Verfahrensweise des Geistes vergessen. Das vierfüßige Tier ist der Sinnesmensch, der lebt, um zu essen und die Freuden des Fleisches zu genießen – der mit seinen fünf Sinnen über die Erde wandelt, glaubt, was er sieht, und meint, seine Sicherheit bestehe in der Anhäufung von Dingen und Reichtümern dieser Welt. Er ist jener Typus, der vergessen hat, Schätze im Himmel anzusammeln, und zwar durch das Vergnügen an Seelenfrieden und innerem Glück, womit dann das Himmelreich auf Erden begründet wird. Nur wenige, die ihre tierische Natur abgelegt haben, gehen aufrecht; und unter jenen, die gealtert und gereift sind, stützt sich nur eine winzige Minderheit mit ganzem Gewicht auf den Stock der Intuition oder den Christus im Innern. *Kommet zu mir, alle, die ihr mühsam arbeitet, und ich werde euch Ruhe schenken; mein Joch ist nicht schwer und meine Bürde leicht.*

Die Sphinx ist das unbedingte Bewusstsein im Menschen. Es ist das Zentrum oder die Sphinx, um die alles kreist – und bleibt unbewegt, während sich das Rad der Individuen unaufhörlich unter ihm dreht. Die Sphinx ist die Verbindung der vier Tiere, die im ersten Kapitel des Buches Hesekiel Erwähnung finden und sowohl männlicher als auch weiblicher Natur sind – genauso wie das Absolute, ehe es um der Verkörperung willen ausströmte in Vater und Mutter. In Ihnen, dem Leser, entstand das Universum; in Ihnen wird es begründet; in Ihnen vergeht es. Der Mensch ist ein zwiefaches Wesen: Gott und Mensch. Gott ist unveränderliches oder formloses Bewusstsein. Dieses unveränderliche Bewusstsein verändert sich nun, indem es zum Menschen wird. Der Mensch wiederum ist die Projektion der Überzeugungen, die in seinem Bewusstsein eingeschlossen sind. Wie die Welle eine Projektion der gesamten Inhalte des Meeres ist und zu der Tiefe zurückkehrt, aus der sie empor stieg, kehrt der Mensch letztlich zurück in die unermessliche Tiefe und wird eins mit dem All. Sobald er aus dem Traum oder der Illusion der Trennung erwacht, stellt er fest, dass es *kein Diebstahl ist, Gottes Werke auszuführen,* wenn auch in Gestalt des Menschen. Er gelangt zu der Einsicht, dass er Gott ist – das einzige Wesen überhaupt – und dass er zuvor in einem vergänglichen Traum befangen war.

Die Vision im ersten Kapitel des Buches Hesekiel, welche die vier Heiligen Tiere und das Rad innerhalb der Räder vergegenwärtigt, erklärt sich folgendermaßen: Der Punkt *Yod* ist der erste Kreis. Ein Punkt ist ohne Ausdehnung – und stellt damit Gott oder das unbedingte Bewusstsein im Menschen dar, die raum- und formlose Bewusstheit. Der zweite Kreis versinnbildlicht die schöpferische Welt, der dritte Kreis die formgebende Welt und der vierte Kreis die körperliche Welt, wie wir sie wahrnehmen. Die vier Tiere repräsentieren auch die vier Buchstaben im Namen Jehova: I. H. V. H., der alle Dinge hervorbringt. Der erste Buchstabe Yod steht für den Adler oder den Skorpion. Der Adler steigt über den Sturm in den blauen und klaren Himmel hinauf. Außerdem blickt er direkt in die Sonne, ohne geblendet zu werden. Er verkörpert das menschliche Bewusstsein hinsichtlich der Tatsache, dass das Prinzip der Ursächlichkeit und der Allmacht ihm selbst innewohnt. Der zweite Buchstabe Heh verweist auf die menschliche Fähigkeit, eine Vision oder ein Ideal zu entwerfen, symbolisiert durch den Löwen, und drückt so auch das menschliche Verlangen aus. Der dritte Buchstabe Vau repräsentiert einen Nagel oder die Untermauerung eines bestimmten Zustands. Dieser Buchstabe wird durch den Engel oder den Wassermann veranschaulicht, wobei der Letztere die Meditation bedeutet oder das Schwelgen in der Wirklichkeit des begehrten Zustands. Das heißt, die Idee wird im Bewusstsein realisiert. Mit anderen Worten: Man hat das Gefühl, so zu sein, wie man es sich wünscht, und das zu tun, was man ersehnt. Der vierte Buchstabe Heh, symbolisiert durch den Stier, ist der konkrete Zustand selbst oder die Objektivierung dessen, was subjektiv empfunden wurde.

Insgesamt betrachtet ergeben die vier genannten Tiere die vollkommene Formel für das Gebet. Die Einübung dieser Methode wird Sie veranlassen, Ihren tiefsten Herzenswunsch zu entdecken. Zuerst gelangen Sie zu der Einsicht, dass Ihr eigenes Bewusstsein der Allmächtige Gott oder der Sitz der Allmacht ist, wodurch Sie die Kraft im Innern bedingungslos anerkennen. Der zweite Schritt besteht in der neuen Vorstellung, die Sie von sich – Ihrem Wunsch oder Lebensziel – haben, davon, wie Sie gerne sein oder was Sie gerne tun würden. Der dritte Schritt löst jenes Gefühl aus, das sehnsüchtiges Bewusstsein und ersehnte Sache miteinander verbindet. Der vierte Schritt schließlich verheißt die Manifestation dessen, was im Unsichtbaren empfunden wurde, oder das innere Einssein mit sich selbst.

Wir können eine Lektion von der Natur lernen. Aus

Samen, Erde, Nährstoffen gehen Pflanze, Baum und Frucht hervor. Ein weiteres Beispiel für die ewige Dreiheit, durch die alle Dinge geschaffen werden, ist das von Wasserstoff, Sauerstoff und elektrischem Funken, der die beiden Elemente verbindet, woraus dann Wasser entsteht.

Jede Idee durchläuft vier Entwicklungsstadien. Nehmen wir einmal an, Ihr Herzenswunsch besteht darin, ein großer Musiker zu sein, der Tausende oder gar Millionen von Menschen beglückt. Stellen Sie sich die folgende einfache Frage: »Kann ich die Tatsache, ein großer Musiker zu sein, hier und heute als ganz natürlich empfinden?« Überlassen Sie sich der freudigen Stimmung, jetzt wirklich ein großer Musiker zu sein. Das gelingt Ihnen, indem Sie sämtliche Sinneswahrnehmungen ausschließen und im Stillen über die Wirklichkeit des gewünschten Zustands nachsinnen. Derart meditierend stellen Sie fest, dass der Augenblick kommt, da dieser Zustand im Bewusstsein fixiert wird, wodurch die dafür notwendigen Eigenschaften und Qualitäten zu neuem Leben erwachen, eben weil sie Ihnen von Anfang an innewohnten.

Alles, was wir ringsum sehen, befindet sich in einem Wandlungsprozess; die Natur unterliegt einem ständigen Fluss. Das Geformte kehrt immer wieder ins Formlose zurück; daher kann das Veränderliche nicht die eigentliche Wirklichkeit sein, denn Gott ändert sich nicht. *Er ist der Gleiche gestern, morgen und für immer*. Wir aber haften an der Illusion und halten sie für die Wirklichkeit, aber diese ist im Grunde unsichtbar. Sie »sehen« bedeutet, mit ihr eins werden. Wir sind zu keinem anderen Zweck hier, als uns weiterzuentwickeln und dabei unser wahres Selbst zu entdecken, uns seiner bewusst zu werden.

All unsere Gedanken sollten Kreise oder Bänder der Liebe sein. *Sie wussten nicht, dass ich sie heilte. Ich zog sie mit Seilen des Menschen, mit Bändern der Liebe.* Um diesen vollkommenen Kreis zu formen, müssen unsere Gedanken in Harmonie sein mit dem Einen, dem Schönen und Guten. Manchmal spricht man in diesem Zusammenhang auch vom »Einklang mit dem Unendlichen«. Wir sind nicht gezwungen zur Liebe, sondern können uns frei für sie entscheiden. Liebe ist ebenso natürlich wie beglückend, und wir haben die Möglichkeit, sie zu schenken oder zurückzuhalten. Allerdings gäbe es keine Freude, wenn wir nicht auch ihr Gegenteil kennen würden. Wie könnte man Freude empfinden, wenn man nicht Kummer erfahren hätte? Erzwungene Liebe wäre keine Liebe, eben weil sie auf freiwilliger Großzügigkeit beruht. Jemand mag wegen irgendeiner äußeren Notwendigkeit oder einem Gefühl von Abhängigkeit Liebe vortäuschen, aber das ist keine Liebe. Gott drückt sich aus als Leben, Liebe, Schönheit, Ordnung, Symmetrie und Proportion. Wenn unsere Gedanken in Einklang sind mit dem Unendlichen, formen sie einen vollkommenen Kreis und kehren zu uns zurück, konzentriert und überfließend zugleich. Tragen sie dagegen eine negative Ladung, weil wir zum Beispiel der Krittelei, dem Zynismus, dem Neid, dem Mitleid mit uns selbst oder einem anderen Menschen nachgeben, sind wir nicht in Einklang mit dem Unendlichen. Folglich gibt es auch keine Polarität; der Kreis des Guten kommt nicht zustande. Der Generator erzeugt keinen Strom mehr.

Als Wahrheitssucher müssen wir erkennen, dass jeder Mangel, jede Begrenzung oder Widrigkeit Resultate negativer, von uns aufrechterhaltener Stimmungen sind, die innere Schwächen offenbaren – und wie Sie wissen ist Schwäche einfach nur die Abwesenheit von Kraft. Sie kommt aus dem Nirgendwo und ist nichts. Das Heilmittel besteht in der Einsicht, dass die Allmacht uns innewohnt; indem wir dann unsere Gedanken beruhigen, erkennen wir auf sanfte Weise, dass alle Energie, die für die Überwindung jedweder Situation vonnöten ist, uns jetzt zur Verfügung steht. Das ist das stille innere Wissen des Mystikers, der demütig vor Gott und stolz vor dem Menschen ist. Aus dieser Meditation gehen wir als Energiebündel hervor, mit genügend Kraft aufgeladen, um jede Zwietracht zu beseitigen, jeden Hass aufzulösen und jede Träne zu trocknen.

Jesus wandert von Galiläa nach Judäa und von dort wieder zurück. Dieser Gang versinnbildlicht die Vereinigung von Bewusstsein und Unterbewusstsein im Gefühl. Die im Bewusstsein (Jesus) gehegte Vorstellung kann ins Unterbewusstsein (Judäa) befördert werden, indem man deren Wirklichkeit intensiv empfindet. Das Unterbewusstsein verleiht ihr greifbare Gestalt, ohne dass uns bekannt wäre, wie das geschieht. So verhält es sich mit jeder Manifestation. Erscheint unser Wunsch oder Ideal im Spiegel des Raumes, kehrt Jesus nach Galiläa zurück. Das heißt, wir sind uns der Objektivierung unseres Wunsches deutlich bewusst. Diese Reise auf der Landkarte ähnelt einem vollkommenen Kreis, der einfach das ewige Rad des Gesetzes vor Augen führt. Eine Batterie kennzeichnet sich dadurch, dass zwei gegensätzliche Pole aus Zink und Kupfer miteinander verbunden werden, so dass der geschlossene Stromkreis Energie erzeugt. Ein vergleichbarer Prozess findet statt, wenn wir meditieren. Unser Denken muss mit Kraft aufgeladen oder durch Liebe emotionalisiert werden. Anders ausgedrückt: Wir müssen eins werden mit unserem Ideal, indem wir die Wirklichkeit des gewünschten Zustands in unserem Innern fühlen. Das ist die Polarisation des Denkens – oder das Rad innerhalb der Räder.

So fangen wir an, systematisch zu beten, und entdecken unsere Kraft, indem wir die innere Wirklichkeit berühren. Wir wandeln von einer Herrlichkeit zur nächsten, bis wir uns schließlich von allen falschen Überzeugungen und Beschränkungen der Welt lossagen und ins Paradies zurückkehren. *Du warst im Garten Eden, und der Rubin war dein Kleid.* Wir müssen lernen, die Ohren vor dem allgemeinen Chaos zu verschließen, das uns umgibt. Dann öffnen wir das innere Gehör und verfolgen gewissenhaft unser Ziel. *Sprich, Herr, dein Diener lauscht.* Dieser Drang, der uns nach Ihm suchen lässt, bewirkt zugleich die Suche nach dem inneren Selbst – unserem wahren Selbst oder Christus. Wir sind für immer an den Einen gebunden – Räder innerhalb des einen, unbeweglichen Rades. Was ist ein Tag oder ein Monat, ein Jahr, ein Leben oder tausend Leben? Die Zeit erlischt für jene, die nach innen gehen und sich der Weisheit, der Kraft und der Herrlichkeit zuwenden. Die Suche wird vergessen sein, sobald wir das Ziel erreicht haben. Tief in unserem Innern ist etwas, das uns an den eigenen Ursprung erinnert und dorthin zurücktreibt. Im hiesigen Leben besteht unser

Auftrag und Zweck darin, diese Erinnerung zu schätzen, wach zu halten und zu verherrlichen, dem inneren Impuls aufrichtig zu folgen, bis der Funke durch behutsame Pflege zu einem Licht wird, das uns ausfüllt und mit dem wir uns identifizieren.

Wir können jetzt beginnen, mit dem All eins zu werden, indem wir täglich die vollkommene Verbindung zwischen Bewusstsein und Unterbewusstsein herstellen. In der Genesis steht, dass Eva, das Unterbewusstsein des Menschen, der Rippe Adams entnommen wurde, während er schlief. Das ist natürlich, wie jedermann weiß, eine Allegorie. Offensichtlich liegt deren tiefere Bedeutung darin, dass das Unterbewusstsein während des Schlafs zum Vorschein kommt. Eva geht also aus der Rippe hervor. Die Rippen haben eine schützende Funktion, eben weil sie die lebenswichtigen Körperorgane vor schädlichen äußeren Einwirkungen bewahren. Dies versinnbildlicht die schützende Natur des Unterbewusstseins. Im Schlaf übernimmt Eva die Aufgabe einer Lehrerin. Das Unterbewusstsein nährt den Körper; es führt die inneren Prozesse fort, von denen das Bewusstsein keinerlei Kenntnis hat. Es heißt, Eva wurde Adam unterstellt, zum Guten wie zum Schlechten. Unser Unterbewusstsein war zu Beginn vollkommen, doch wir haben es beschmutzt. Und so, wie wir es entwertet und missbraucht haben, können wir es nun durch unsere Gedanken und Stimmungen wieder reinigen. *Dienstbar soll sie ihrem Manne sein ihr ganzes Leben lang*. Nachts antwortet das Unterbewusstsein dem Menschen und übernimmt die Führung; gemäß seiner Stimmung vor dem Einschlafen empfindet er dann Freude (wenn die eigenen Gedanken vom Guten und Schönen zeugen) oder Kummer (wenn er unangenehme Erfahrungen macht und verwirrt oder innerlich aufgewühlt eingeschlafen ist). Im letzteren Fall weist Eva ihn einfach darauf hin, dass er die Dinge schlecht gehandhabt hat. Außerdem belehrt und leitet sie ihn und gibt zu verstehen, was ihr gefällt.

Der Mensch muss lernen, nur das höchste Ideal zu hegen, und Frieden und Glück als seine vorherrschenden Stimmungen anerkennen; indem er diesen Bewusstseinszustand aufrechterhält, jätet er das Unkraut in seinem Garten, wo dann nur wunderbare Blumen wachsen. Das wirksame Gebet wird alle Zweifel, Ängste und anderen negativen Gefühle zerstreuen, die infolge früherer Irrtümer und abergläubischer Vorstellungen im Unterbewusstsein verborgen sein mögen. Der Mensch muss zum vollkommenen Liebenden werden und seine ganze Aufmerksamkeit und Hingabe auf das Unterbewusstsein richten, nicht auf das Bewusstsein. Er darf sich nicht verwirren lassen und sie nicht miteinander verwechseln, sondern muss die Fähigkeit erwerben, zwischen ihnen genau zu unterscheiden. Wenn er sein Denken besänftigt und das Gefühl von Liebe und Frieden tief empfindet, den Mitmenschen verzeiht, indem er jede Bürde des Grolls vom inneren Christus löst, wird er frei. In dieser meditativen Verfassung kann er auf Eva hören, die mit innerer Gewissheit oder mit der leisen Stimme der Intuition spricht. Sie sagt ihm, wohin er gehen, was er tun soll, und ist wirklich die Lampe an seinen Füßen. Sie warnt ihn vielleicht in einem Traum und deutet auf ein bestimmtes Endergebnis hin. Wenn man sich zum Beispiel vor einer Krankheit fürchtet, dramatisiert sie diese Stimmung durch einen Traum, der zeigt, wie man im Krankenhaus von Ärzten behandelt und von Schwestern gepflegt wird. Es gibt nicht so etwas wie ein unerbittliches Schicksal, und jener Traum lässt sich relativ leicht erklären. Das Unterbewusstsein verfährt ausschließlich deduktiv, zieht aus der geschürten Angst vor der Krankheit eine Folgerung und steigert diese Angst im Traum. Nun hat man die Möglichkeit, den Inhalt des Traumes zu ändern und die Angst völlig zu neutralisieren, indem man dem Unterbewusstsein eine gegensätzliche Suggestion eingibt – nämlich die der vollkommenen Gesundheit. Das heißt, man empfindet entweder die Freude an der eigenen strahlenden Gesundheit und inneren Ruhe oder spricht in meditativem, entspanntem Zustand voller Überzeugungskraft das Wort »Gesundheit« aus – kurz vor dem Einschlafen, immer wieder, bis man schließlich in Schlaf sinkt. Gerade diese Methode wurde von vielen meiner Schüler angewandt, die damit bei der Überwindung chronischer Krankheiten hervorragende Resultate erzielten.

Das innere Sein ist durch eine unergründete und unergründliche Tiefe gekennzeichnet. In diesem Nichts regt sich der ewige Wille Gottes, woraufhin das Nichts als Etwas in Erscheinung tritt. Das ist das ewige Rad des Gesetzes.

In Einklang kommen mit dem Einen

Ich habe dich verherrlicht auf Erden und vollendet das Werk, das du mir gegeben hast. Und nun verherrliche mich du, Vater, bei dir selbst mit der Klarheit, die ich bei dir hatte, ehe die Welt war. (Johannes 17,4–5)

Vor der Welt war ICH BIN, vor Abraham war ICH BIN, und wenn alle Dinge enden, ist ICH BIN.

... auf dass sie alle eins seien, gleichwie du, Vater, in mir und ich in dir; dass auch sie in uns seien ... (Johannes 17,21)

Der Mensch hat das Werk vollendet, wenn er erkennt, dass alle Menschen in ihm sind. Er ähnelt der Linie, die in einer Serie von Punkten beginnt. Der Punkt ohne Ausdehnung wird zur Linie – unsere erste Dimension. Die Linie krümmt sich, wird zur Fläche; nun haben wir zwei Dimensionen. Ebene oder Raum sind sich der Linie nicht bewusst. Die Fläche bewegt sich durch den Raum und wird zu einem Würfel. Das ist unsere dritte Dimension. Der Würfel ist sich der Seiten nicht bewusst; jede Seite betrachtet die andere als getrennt von sich. Sobald sie mit dem Würfel eins wird, sieht sie nicht mehr andere Seiten, da der Würfel sich nur seines Würfelseins bewusst ist, nicht aber der Seiten.

Gott hat kein Bewusstsein von Juden, Katholiken, Protestanten, Buddhisten usw. Er sieht und hört nur im Geheimen; daher erkennen wir Ihn nur, wenn wir Ihn im Schweigen durch unser Gefühl berühren. Wir müssen uns bewusst machen, dass wir eins sind mit Gott – dann werden und können wir einander nicht sehen. Wir sind Verkörperungen des Einen Seins, die durch die Illusion von Raum und Zeit wandeln. Alle Sterne, Planeten, Monde – sämtliche Dinge überhaupt – sind räumliche Erweiterungen des Raumlosen Seins oder des Formlosen Bewusstseins im Menschen. Wenn also das ursprüngliche Wesen des Menschen Gott ist, ist Er überall im Geist; es gibt keinen Ort, wo Er nicht ist.

Dieses Leben ist die Illusion von Raum und Zeit, beruhend auf dem Glauben an die fünf Sinne. Doch wenn wir über die Eine Wahrheit meditieren, entledigen wir uns aller weltlichen Werte und Besitztümer. Sie verlieren jede Bedeutung. Anstelle der Ewigkeit verleihen wir zeitlichen Gegenständen deshalb einen Wert, weil sie stabil und unveränderlich scheinen – etwa unsere finanzielle Situation, unser Schmuck, unser Haus. Wir sind überzeugt, dass es da sein wird, wenn wir zu ihm zurückkehren, und so wird unsere Überzeugung bestätigt.

In Zukunft aber, wenn der Mensch seine geistigen Fähigkeiten weiterentwickelt und voll einsetzt (es ist eine wissenschaftliche Tatsache, dass der größte Teil der Menschheit heute nicht einmal zehn Prozent davon nutzt), wird er imstande sein, Raum und Zeit ad absurdum zu führen. Dann kann zum Beispiel eine in New York lebende Person augenblicklich in San Francisco oder an irgendeinem anderen Ort auftauchen, ohne dafür ein Transportmittel zu benötigen. So unglaublich dies auch klingen mag, wurde es doch von den Eingeweihten aller Epochen bewerkstelligt. Ging Jesus nicht übers Wasser und durch geschlossene Türen? Konnte er seinen Körper nicht nach Belieben an eine ferne Stelle versetzen, um seinen Jüngern zu erscheinen? Er war weder bedingt durch Raum und Zeit noch durch die Gesetze der Schwerkraft.

Der Mensch wird die Atomgewichte und die Struktur jeder Substanz verändern. So wird er etwa das Atomgewicht eines Klaviers unverzüglich in der Weise ändern können, dass dieses durch ein Nadelöhr geht und dann wieder seine frühere Gestalt annimmt. *Alles ist möglich für den, der da glaubet. Alles,* nicht manches. *Verherrliche mich du ...*

Der Mensch kommt aus dem Absoluten – und kehrt dorthin zurück, wenn er sich vergegenwärtigt, wer er ist, und den Überzeugungen und abergläubischen Vorstellungen der Welt abschwört. Wenn jemand stirbt, lebt er in Ihrem Innern weiter. Dieser Bewusstseinszustand ist in Ihnen. Gott träumte davon, ein Mensch zu sein; nun müssen wir erwachen und zu der Herrlichkeit zurückkehren, die unsere war, bevor die Welt war. Alle Elemente und Mineralien, von denen wir sprechen, sind Abwandlungen des Lichts, verdichtete Energie – oder Ausformungen menschlicher Gedanken.

Wir sagen, bestimmte Rassen oder Stämme seien wild, doch diese urwüchsigen Menschen können ohne Radio oder Telefon telepathische Botschaften übermitteln. Sie führen nach Wunsch Regen herbei und schmelzen Schnee mit der Energie ihres Körpers. Wir meinen, der Schnee vor unserer Tür sei mit heißem Wasser zu schmelzen. Wir haben den Glauben verloren. Wir würden gern glauben, wir möchten glauben, aber im Grunde glauben wir nicht. Erst wenn wir glauben, dass wir Schnee durch Körperwärme auf genauso normale Weise schmelzen können, wie wir einen Anruf tätigen, betrachten wir die Ausführung der Werke Gottes nicht mehr als Diebstahl.

Wie der Mensch im Herzen denkt, so ist er. Sie sind das Herz und das Zentrum der gesamten Menschheit. Sie sind die Mitte Ihrer Welt, die wie ein Rad um Sie kreist. Sie sind dessen Nabe. So wie Sie denken und fühlen, wird Ihre Welt sein.

Das größte Gebot lautet: *Höre, o Israel, der Herr,*

dein Gott, ist Einer. Wir dürfen den Einen nicht teilen und unsere Aufmerksamkeit auf Meere und Kontinente, Elemente und Menschen richten. Wir müssen den Einen erkennen und bewahren.

Vergessen Sie nicht: *Was ist das für ein Mensch, dem die Winde und Meere gehorchen?* Alle Stürme und Streitigkeiten der Welt ereignen sich im menschlichen Bewusstsein.

Wir müssen aufhören, Kerzen anzuzünden im Glauben, die Kraft sei in der Kerze, in der Zeremonie, im Ritual. Die Leute verstehen nicht, dass alles eine Frage des Glaubens ist.

Es gibt nur *einen* Menschen in der Welt. Folglich ist da niemand, den wir verletzen können – außer uns. *Liebe deinen Nächsten wie dich selbst.* Der Nächste – das sind *Sie.* Ruft ein Freund Sie an, der Probleme hat, so sind Sie sich deren erst bewusst, wenn er Ihre Aufmerksamkeit darauf lenkt. Dann gehen Sie in sich und vernehmen Botschaften, die gut für ihn sind. (Auch Ihr schmerzender Finger ist ein Warnzeichen, dem Sie dann Beachtung schenken.) Es gibt *ein* subjektives Wesen, *einen* Gott, *einen* Vater von allem, und Sein Himmelreich ist in Ihnen. Wenn Sie daher Ihrem Bewusstsein eine neue Überzeugung einprägen, wird diese zwangsläufig im anderen objektiviert; er muss sich ändern, weil Sie Ihre Vorstellung geändert haben. Wenn Sie allmählich Ihre Vorstellung von den Menschen und Dingen ändern, wird sich auch Ihre Welt ändern.

Wenn wir, anstatt bloß darüber zu reden, uns wirklich klar machen, dass wir in Gott enthalten und dass Gott und Mensch eins sind, erscheint es uns nicht als Diebstahl, die Werke Gottes auszuführen. *Er machte sich Gott gleich und sah es nicht als Diebstahl an, die Werke Gottes zu vollenden.* Wir müssen durch gefestigten Glauben zu der Einsicht gelangen, dass wir eines Wesens sind mit Gott und dass auf dieser Bewusstseinsebene nichts unmöglich ist für uns; das heißt, wir müssen uns derart formen, dass wir auf jede unserer Fragen sogleich die Antwort wissen: *Es ist vollbracht.* Dann werden wir wie Isaak: blind für den bloßen Augenschein, und segnen durch Berührung und Gefühl die Wirklichkeit des Ideals, nach dem wir streben.

Entspannung

Sei still und wisse, dass ich Gott bin.

Wir müssen erkennen, dass die Ursache für das Scheitern des Gebets meistens in einer Verwirrung des Denkens und einem Mangel an emotionaler Kontrolle liegt.

Von besonderer Wichtigkeit ist die Beobachtung, dass in der magnetischen Anziehung von Impulsen der Angst, der Wut und der Verzweiflung (die für viele Rückschläge und Enttäuschungen verantwortlich sind) das gleiche Gesetz wirkt wie im unsagbaren Gefühl der Liebe, das sich im Guten und Schönen niederschlägt. Ein einziges Prinzip, ein und dieselbe Kraft bedingt sowohl den Misserfolg als auch die Vollendung.

Angst erzeugt unweigerlich Kummer und Qual. Die jeweilige Ausdrucksform hängt allein von der Stimmung des Individuums ab. Jede Krankheit hat ihren Ursprung in Frustration. Der Mensch ist das Produkt seiner Empfindungen und Gemütsverfassungen.

Wir haben die Neigung, bestimmte Personen oder Dinge für unsere unglücklichen Umstände verantwortlich zu machen – die eigene Herkunft, die Umwelt oder den Mangel an günstigen Gelegenheiten. Diese Einstellung dient manchmal als eine Art subkutane Injektion, die die fehlende Moral stärken soll, aber sie befreit uns nicht von den Ursachen des Leids.

Die Welt ist ein Spiegel unserer vorherrschenden Einstellung, der uns ständig mit uns selbst konfrontiert. Nicht immer mögen wir, was wir darin sehen, noch ergreifen wir die Initiative, um das Bild zu ändern. Wenn wir solchen unguten Neigungen nachgeben, sehen wir uns bald äußeren Zuständen mit ähnlicher Schwingung gegenüber. »Ähnliches zieht Ähnliches an.« Das ist die vollkommene Funktionsweise des unveränderlichen Gesetzes von Ursache und Wirkung. Wir leugnen beharrlich, dass alles von bestimmten Ursachen abhängt, und versuchen mit erstaunlicher Blindheit die Wirkungen zu beeinflussen. Eine von Neid geprägte Gesinnung wird zweifellos Situationen heraufbeschwören, an denen andere neidische Menschen beteiligt sind – entweder zu Hause, in der Arbeit oder in unserem sozialen Umfeld. Ziemlich oft hören wir Leute sagen, dass sie bei anderen Menschen eines am meisten verabscheuen: den Neid. Wenn wir dann ihre Reaktionen beobachten, stellt sich heraus, dass dieser Fehler ihnen selbst anhaftet. Was immer wir denken oder fühlen, findet seine Entsprechung in unserer äußeren Welt.

Die Lektion lautet: Wir müssen durch Selbstprüfung und Selbsterforschung den Balken im eigenen Auge entfernen; sonst sehen wir nicht einmal den Splitter im Auge des anderen. Wenn wir bei ihm Fehler ausmachen, wollen wir in uns gehen, denn dort finden wir sie (falls wir unvoreingenommen nachforschen) in einem Winkel unseres eigenen Denkens.

Frustration und Minderwertigkeitskomplex sind in der Regel auf verletzten Stolz zurückzuführen. Wenn wir dauernd scheitern und unsere Bemühungen keinerlei Früchte tragen, müssen wir nach innen schauen und uns fragen, warum das so ist. Eine Reihe ebenso wichtiger wie widriger Umstände mag dann zum Vorschein kommen. Um diese zu ändern, bedarf es einer Änderung des Bewusstseins, dergestalt, dass es vom Geist des Erfolgs beherrscht wird. Damit uns etwas gelingt, müssen wir Vertrauen haben in das Gelingen und jede Überlegung in die entgegengesetzte Richtung ausschließen. Es ist unsere Gemütsverfassung, die Festigkeit unseres Glaubens, die sich dem subjektiven Geist einprägt. Der Erfolg bleibt uns dann verwehrt, wenn wir zulassen, dass das Ego eine Grenze um unser Bewusstsein zieht.

Außerdem sollten wir uns fragen, ob wir nur Anerkennung und Beifall suchen oder ob wir aufrichtig interessiert sind an dem, was wir um seiner selbst willen unternehmen. Wollen wir lediglich das eigene Nest mit Federn schmücken oder der Menschheit einen Dienst erweisen? Möchten wir gerne ein Emerson, ein Lincoln sein, die die Menschheit liebten – oder streben wir nach Selbstverherrlichung und persönlicher Ehre? Werden wir eine einzigartige, dauerhafte Botschaft der Wahrheit übermitteln – oder diese Wahrheit von den Meinungen der Menge abhängig machen? Wenn wir etwas anzubieten haben, wird es auch genutzt, es sei denn, wir stehen dem im Wege. Schwankungen, Verzögerungen und jene sprunghaften Aufs und Abs resultieren aus dem Mangel an inneren Zielen oder Idealen. Viele Menschen sagen: »Ich trete auf der Stelle« oder »Ich bewege mich im Kreis.« Sie hoffen, dass schließlich jemand kommen und ihnen die Richtung zeigen wird. Sie entbehren der Standfestigkeit und wissen nicht, dass, wenn sie nur zur Ruhe kämen und der inneren Stimme lauschten, diese zu ihnen sprechen und sie führen würde. *Sprich, Herr, dein Diener lauscht.*

Im ersten und zweiten Kapitel der Genesis wird uns sowohl die Formel als auch die Methode mitgeteilt, wie wir unserem archetypischen Ideal lebendigen Ausdruck verleihen. *Und Gott sprach: Die Erde bringe hervor lebendiges Getier, ein jedes nach seiner Art ... Und Gott sah, dass es gut war ... Und Gott sprach: Lasset uns Menschen machen, ein Bild, das uns gleich sei ... Da machte Gott der Herr den Menschen aus Erde vom Acker und blies ihm den Odem des Lebens in seine Nase. Und so ward der Mensch ein lebendiges Wesen.*

Wenn dieses »Einblasen des Odems« eine bestimmte Verkörperung bewirken kann, vermag es dank seiner Kraft auch weitere Formen hervorzubringen. Daher wird im Folgenden eine rhythmische Atemübung empfohlen, die hilft, nervöse Anspannung zu überwinden und in den Zustand der Entspannung zu gelangen.

Ehe Ihnen diese Übung ganz natürlich und vertraut ist, sollten Sie sie zunächst aufrecht sitzend oder flach auf dem Boden liegend ausführen. Wo Spannung herrscht, kann es keine Vollendung geben. »Mühelose Bemühung« lautet die Maxime für jede Art von geistiger Entwicklung, die wiederum die Vorbedingung für jede weltliche Leistung ist.

1. Brust, Hals und Kopf sollten so weit wie möglich in einer geraden Linie gehalten werden.
2. Atmen Sie durch die Nase ein, während Sie innerlich sechs Pulsschläge zählen.
3. Halten Sie den Atem für die Dauer dreier Pulsschläge an.
4. Atmen Sie durch die Nase aus, während Sie sechs Pulsschläge zählen.
5. Lassen Sie während dreier Pulsschläge keine Luft in die Lungen dringen.
6. Wiederholen Sie diese Übung so oft, wie es Ihnen beliebt, ohne dabei das geringste Unbehagen zu verspüren.

Mit etwas Übung geht der Atem gleichmäßig, und Sie brauchen innerlich nicht mehr zu zählen. Dann schwindet jede Verkrampfung und Anstrengung, so dass der Zustand völliger Entspannung eintritt.

Später können Sie diese Übung mit großer Leichtigkeit während des Gehens machen, wobei jeder Schritt eine rhythmische Zähleinheit bildet. Doch für Anfänger, zumal für Städter, die ständig Unterbrechungen in Gestalt von Straßenkreuzungen und Verkehrsstockungen ausgesetzt sind, tun gut daran, sie in sitzender oder liegender Position auszuführen.

Die rhythmische Atmung bewirkt nicht nur eine körperliche Reaktion, sondern auch eine geistige. Mit jedem Einatmen können Sie Ihrem Unterbewusstsein jede gewünschte Suggestion eingeben. Vergessen Sie nicht, dass beide Vorgänge gleichzeitig stattfinden sollten.

Dieses Kapitel richtet sich in erster Linie an Anfänger sowie an jene, die noch nicht die hohe Kunst der durch Schlaf bewirkten Entspannung und der Erholung gelernt haben. Gerade der Schlaf ist ein bewährtes Mittel, den autohypnotischen Zustand herbeizuführen, der am besten dafür geeignet ist, dem Unterbewusstsein wichtige Botschaften einzuprägen. Wenn Sie zum Beispiel trübsinnig oder mutlos sind, so denken und sagen Sie sich beim Einatmen: »Ich bin glücklich.« *Fühlen* Sie es und lächeln Sie. Diese Übung können Sie so oft wiederholen, wie es Ihnen notwendig erscheint.

Wenn wir lernen, rhythmisch zu atmen, hat das einen so starken Effekt auf das Nervensystem, dass unsere ganze Anspannung sich löst. Wir alle wissen, dass die Zwerchfellatmung unser körperliches Wohlbefinden steigert, nicht zuletzt in physiologischer Hinsicht. Dieses Gefühl von Wohlbefinden wiederum, das stets auf einen tiefen Atemzug folgt, begünstigt die Aufnahme jeder neuen Suggestion. Während der Atemübungen sollten wir uns also vorstellen, wie wir gerne sein möchten – voller Lebenskraft und kerngesund. Der gleichmäßige Atemrhythmus gibt Auftrieb – ähnlich dem musikalischen oder tänzerischen Rhythmus, der zugleich einen besänftigenden Einfluss ausübt. Dieser Rhythmus führt dazu, dass die Aufmerksamkeit gewissermaßen ruhig gestellt wird und der Entspannung Platz macht. Viele Lernende empfinden den suggestiven Wert der Atemübung als einen großen Segen. In einem mir bekannten Fall heilte sich eine ältere Frau von ihrem langjährigen Asthmaleiden durch folgende Übung: Sie setzte sich ruhig in ihren Sessel, verlangsamte die Atmung und bekräftigte bei jedem Einatmen leise: »Ich bin bei bester Gesundheit.« Das tat sie morgens, abends und manchmal auch mittags jeweils zehn bis fünfzehn Minuten lang. Nach etwa zwei Wochen war sie völlig genesen.

Der Mensch ist ein pulsierendes, rhythmisches Wesen. Unser Körper ist wie alles andere im Universum den Gesetzen des Rhythmus unterworfen. Die Alten sagten: »Jedes Atom im Raum tanzt zum Rhythmus der Götter.« Das Universum (der *eine Vers*) ist eine Note oder ein Ton in Gott, aber im Einen gibt es eine unendliche Zahl von Tönen oder Schwingungsgraden. Alles, was wir in der Natur sehen, schwingt – nichts verharrt in einem absoluten Ruhezustand. Nur Gott selbst – oder die Sphinx – ist bewegungslos. Die Natur hingegen stellt die Geburt oder die Tätigkeit Gottes dar – der Eine, der sich in vielfältigster Weise verkörpert. In dem Augenblick, da Formen in der Welt erscheinen, verändern sie sich, und aus ihnen entstehen weitere Formen, bis ins Unendliche. Formen sind einfach Erscheinungen; sie kommen und gehen. So befindet sich auch der menschliche Körper in einem ständigen Wandlungsprozess.

Innerhalb weniger Minuten ändert sich die biochemische Zusammensetzung des Körpers von Grund auf – derart, dass kaum ein Atom oder Elektron länger als ein paar Monate bestehen bleibt. Alles ist Schwingung, und der gesamte Kosmos unterliegt dem unaufhörlichen Wechsel. Ihre Herzschläge folgen einem bestimmten Rhythmus, gleich Ebbe und Flut. Daher ist es bei der Atmung wichtig, mit dem Geist des universalen Rhythmus' übereinzustimmen wie mit dem Takt der Musik.

Wer Mühe hat, innerlich loszulassen und den Strom der geistigen Bilder »abzustellen«, sollte sich in ein Zimmer zurückziehen, wo keinerlei Störungen auftreten. Es kommt darauf an, sich jenem Rhythmus immer mehr anzupassen, bis die Schwingung im ganzen Körper *fühlbar* wird. Schauen Sie dann in ein blaues Licht, möglichst das einer Leselampe mit blauer Glühbirne (30 oder 40 Watt), die etwa 25 Zentimeter vor Ihrem Gesicht steht. Blicken Sie direkt auf die Glühbirne – das versetzt Sie in einen autohypnotischen Zustand, der eine tiefe Entspannung hervorruft. Wenn die Augen ermüden, schließen Sie sie, allerdings ohne einzuschlafen. Halten Sie Ihre Gedanken unter Kontrolle. Hierbei darf sich kein Gefühl von Spannung regen, da die Ruhigstellung der Aufmerksamkeit mit einem Minimum an bewusster Anstrengung erzielt werden muss. Geben Sie Ihrem Ideal oder Wunsch eine deutliche Kontur, und empfinden Sie dann dessen Wirklichkeit. Ihr ganzes Denken muss auf diesen einen Punkt gerichtet sein. Verweilen Sie bei der Tatsache, dass Sie nun der Mensch sind, der Sie gerne sein möchten, oder dass Sie besitzen, was Sie ersehnen. Widmen Sie sich diesem Gedanken mit hoffnungsvoller Erwartung. Nach einer Woche oder zehn Tagen verzichten Sie auf das blaue Licht, da es nur ein Hilfsmittel ist und wir nicht zu Sklaven irgendwelcher materieller Stützen werden dürfen. Vielmehr müssen wir anfangen, den entspannten, glücklichen Zustand durch die Vorstellung zu bewirken, die wir in uns tragen. Irrtum und Scheitern gehen immer auf einen Mangel an Glauben zurück. Das Gesetz aber irrt und scheitert *niemals*.

»Religion« bedeutet »Zurückbindung an den Einen« – oder, anders ausgedrückt, die Rückkehr zu der Erkenntnis von der Einheit aller Dinge. Es kann aus dem gleichen Grund nicht zwei Religionen geben, aus dem es auch nicht zwei Götter oder zwei Menschen geben kann. Der Mensch hat viele Glaubensbekenntnisse ersonnen und sie aufgrund von Unwissenheit »Religionen« genannt. Doch es gibt nur einen Menschen, und die ganze Welt ist in ihm. Das wahre Selbst oder Leben dieses Menschen ist Gott – das unsichtbare, unveränderliche, formlose Bewusstsein. Wenn also der Mensch seine Verehrung gegenüber Gott zum Ausdruck bringt, betet er eigentlich zu seinem Höheren Selbst. Kirche, Chor und Gemeinde sind innen. Der Hohepriester ist ebenso innen, wie alles innen ist. Die Kirche ist Ihr Bewusstsein; der Chor ist Ihr freudiges Gefühl, das Sie in der Meditation empfinden; der Hohepriester ist Ihr ICH BIN, das erklärt: »Ich bin der, für den ich mich halte« oder: »Ich bin der, der ich bin«; die Mitglieder der Gemeinde sind Ihre Vorstellungen, Gedanken, Stimmungen und Auffassungen von Menschen und Dingen. Mit anderen Worten: Die Gemeinde ist Ihre Überzeugung in Bezug auf Sie selbst und die anderen.

Der wahre Schmuck des Heiligtums besteht in der Rechtschaffenheit des Gläubigen. Das heißt, man sorgt dafür, dass die Menschen das Gesetz nach bestem Wissen und Gewissen anwenden und sich auf vollkommene Weise entwickeln. Es gibt keinen kostbareren Edelstein als den eines edlen Lebens, und der höchste Altar des Herrn ist der des geläuterten Herzens.

Glauben wir an vergoldete Sicherheiten und Wertpapiere, die unbeständig sind und oft wertlos werden, oder an den inneren Christus? Durch dauernde Anwendung der Goldenen Regel verwandeln wir uns in Jesus, der seine menschliche Klugheit überstieg und dadurch eins wurde mit dem seelischen Drang der gesamten Menschheit. Er war tatsächlich der Kern des großen allgemeinen Verlangens – die eigentliche Verkörperung der uralten Suche nach Frieden, Weisheit und Erleuchtung.

Jeden Tag unseres Lebens müssen wir damit beginnen, über die Schönheit, Herrlichkeit und Tiefgründigkeit des Ewigen Einen nachzusinnen. Indem wir beim Unveränderlichen Einen in unserem Innern verweilen, finden wir jenen immer gültigen Frieden, der über die Sterne – über Raum und Zeit – hinausreicht. Wenn wir erfüllt sind von hohen Idealen und umfassende Gedanken hegen, werden all die kleinen Dinge unwichtig und sinken ins Vergessen. Dann ist unsere Seele durchdrungen von der Herrlichkeit des Ganzen, und die Grenzen und Beschränkungen unseres Alltags verschwinden. Wir merken, dass diese glückliche Stimmung uns hebt und in Beziehung bringt mit dem universalen Geist Gottes. Da Habgier, Neid, Zwietracht und andere beengende Vorstellungen, die uns an das Rad des Leidens binden, aus unserem Bewusstsein weichen, vergessen sind in der Freude an der Wahrheit, werden wir zu Bürgern des freien Bewusstseins. Wir vereinigen uns mit den universalen Perspektiven. Die kontinuierliche Meditation – ob im Wald, zu Hause oder an irgendeinem anderen Ort – versetzt die Seele in Entzücken, als wäre sie von göttlicher Harmonie berührt, und ein pulsierendes, pochendes Gefühl durchströmt jede Faser des Körpers. Viele Menschen empfinden dabei ein Kribbeln entlang der Wirbelsäule, als würde auf dem Kreuzbein die Melodie der Götter gespielt.

In dieser tief empfundenen und entspannten Gemütsverfassung wird uns oftmals bewusst, dass dieser Planet, den wir als »Erde« bezeichnen, im Bewusstsein auf einen Punkt zusammenschrumpft und dass alle Dinge der Welt, die bislang großartig und wunderbar erschienen, so unbedeutend werden wie der schwindende Planet selbst. Die Flügel des prachtvoll glänzenden Shekinah (im Judaismus die Manifestation der Gegenwart Gottes), die jedem Gedankenrad in unserem Innern entwachsen, tragen uns immer weiter und höher. Die Cherubim sind überall um uns; wir werden durchflutet vom Licht der Goldenen Flamme, das von dem siebenarmigen Kerzenleuchter vor dem Thron ausgeht ... und treiben in diesem formlosen Bewusstsein jenseits der Sterne, bis ihre flackernden Strahlen schließlich in der uns innewohnenden Ewigkeit verschwinden. Wir stellen fest, dass die Unermesslichkeit des Seins unser wahres Selbst ist. Wir haben das ganze All in uns entdeckt. Es gibt weder Raum noch Zeit, weder heute noch später; es gibt weder »er« noch »sie«, sondern nur die Wirklichkeit, die ewiglich dahinströmt. Alles, was wir einmal erlebten, ist jetzt ein vergessener Traum. Der Träumer ist erwacht und hat für den Bruchteil eines Augenblicks einen flüchtigen Eindruck von der wahren Wirklichkeit gewonnen. Das heißt, Sie haben herausgefunden, dass es nichts gibt als Sie selbst, die Sphinx. Das alterslose, unveränderliche

Eine erweist sich als Ihre eigentliche Identität, als der innere Christus, der Herr der Herren, der König der Könige, der Alte der Alten – und als der Fürst des Friedens. *Gesegnet sei er, »der Alte der Tage«.*

Sie träumen nun nicht mehr, sinnen aber weiterhin über jenen Augenblick nach, der ewig andauert. Sie sind das Feste, das seinen Schmelzpunkt erreicht hat, und sind mit dem Grenzenlosen Einen verschmolzen. Seine Gedanken sind Ihre Gedanken, Sein Herz ist Ihr Herz, Sein Traum ist Ihr Traum, und Seine Kontemplation ist Ihre Kontemplation. Sie wissen, dass Sie jene Werke vollbracht haben, die *Er Ihnen aufgegeben hat.* Jetzt singen Sie das Lied des Lammes: *Und nun verherrliche mich du, Vater, bei dir selbst mit der Klarheit, die ich bei dir hatte, ehe die Welt war.* Vor der Welt war ICH BIN; vor Abraham war ICH BIN; wenn alle Dinge erlöschen, ist ICH BIN. Dieses ICH BIN – die einzige lebendige Wirklichkeit, das zeitlose Eine im Menschen –, das »verlorene Wort«, wurde wiedergefunden. Sie haben die Arbeit hier auf Erden tatsächlich beendet, wenn Sie erkennen, wer Sie sind, und zu der Herrlichkeit des Vaters zurückkehren.

In dem Moment, da Sie mit dem All eins werden, stellen Sie fest, dass Sie die Welt sind und Bewegung, Schwerkraft, Raum und Zeit in sich einschließen. Sie wissen jetzt, dass Sie Alpha und Omega sind – das, was war, ist und für immer sein wird. Alle Dinge im Raum kreisen und tanzen nun wie unzählige Räder in Ihrem Innern – das ist das Ewige Rad des Gesetzes. Sie sind der Schöpfer des Himmels und der Erde, dessen Traum die Schöpfung ist. Zugleich sind Sie dieser Traum, und wenn der Träumer erwacht, löst sich die

Schöpfung auf. Wenn alle Dinge erlöschen, ist ICH BIN. Die ganze Welt ist nichts als ein unendlicher Traum des Unendlichen Einen. Wenn wir diesen meditativen Zustand verlassen, ist uns, als wären wir gefallen. *Gedenke des Menschen, von dem du abfielst, und tue die ersten Werke.*

Obwohl wir in Raum und Zeit zurückgekehrt sind, müssen wir den Blick stets nach oben richten. Wir merken, dass wir nie mehr so sein werden wie früher und dass wir immer in der Welt bleiben werden, aber nicht von dieser Welt sind. Wir verwandeln uns in Jesus Christus oder den Gottmenschen. Dann sagen wir: »Ich in Dir und Du in mir; in Dir werde ich verherrlicht.« Für uns sind alle Menschen einfach Aspekte unserer selbst, Teile und Glieder des Einen Körpers. *Ich heilige mich, auf dass auch sie geheiligt werden in der Wahrheit.* Sämtliche Menschen werden zum All und sehen die transzendente Herrlichkeit, die ihre war, ehe die Welt war. Alle unvollkommenen Teile werden vollkommen und eins mit der Wirklichkeit und Ewigkeit.

Die Auferstehung kommt wie ein Sonnenaufgang und kennt keine Nacht. Sie bleibt für immer, denn wir sind jetzt eins mit unserem Vater und daher makellos. Wir haben tatsächlich zurückgefunden zu der Herrlichkeit des Vaters, *um nie mehr in Lumpen und Sackleinen zu gehen.*

Der Mensch von morgen

Der Wahlspruch des Menschen von morgen wird lauten: »Sei unbesorgt!« Das heißt, er hat einen so tiefen Glauben an die Unfehlbarkeit des Gesetzes, dass er ihm gegenüber gleichgültig ist. Zu dieser Auffassung gelangt er durch einen inneren Entwicklungsprozess. Jenes Gesetz ist der Herr, Gott Jehova. Einfach ausgedrückt: Es handelt sich hier um Gottes Gesetz in der Erscheinungsform oder um die Weisheit Gottes, die ins Werk gesetzt wird. Der Mensch mit der Gleichgültigkeit gegenüber dem Gesetz ist derjenige, der sein Unterbewusstsein vollkommen beherrscht und klug steuert, so dass alles, was er empfindet, ausgeführt werden kann und automatisch zur Geltung kommt. Für einen solchen Menschen gibt es kein Scheitern, denn er vertritt die Überzeugung, dass *in Gott alles möglich ist*. Er weiß, dass die Göttlichkeit, die seine Ziele gestaltet, der lächelnde und ruhende Gott im eigenen Innern ist – der subjektive Geist. Der Mensch von morgen wird seine Wünsche sofort verwirklichen, indem er seinen Geist derart zu einer bejahenden Einstellung erzieht, dass alle seine Wünsche unverzüglich in Erfüllung gehen. Er wird keine Mühe aufwenden, um Tische und Klaviere zu heben oder um Geschirr abzuwaschen; er wird nur in einem Sessel sitzen und in einem teilweise subjektiven oder passiven Zustand bewirken, dass dies geschieht. Der Mensch von morgen wird keinen Schalter brauchen, um das Licht anzumachen, da er weiß, dass alles Licht in ihm selber ist: *Ich bin das Licht der Welt*. Sein eigenes ICH BIN birgt sämtliche Sonnen, Planeten, Monde; daher strömt nach seinem Willen alles Licht von ihm aus. Er kann zum Beispiel keinen Sonnenbrand bekommen, weil er alle Strahlen kontrolliert, die letztlich in ihm sind. Im Übrigen wird niemand von der Sonne verbrannt; die starke Rötung und Entzündung der Haut wird von innen her bewirkt, dadurch, dass der Mensch an Sonnenbrand glaubt oder sich davor fürchtet.

Home, ein Schotte, war 1843 in der Lage, durch geschlossene Fenster zu gehen, irgendwelche Tische zu heben, ohne sie zu berühren, und seinen Körper nach Belieben zu verlängern oder zu verkleinern. Dieser Mann überwand in Gegenwart der größten Wissenschaftler seiner Zeit das Gesetz der Schwerkraft, indem er sich durch ein Fenster projizierte, ohne mechanische Hilfe durch den Raum flog und dann durch ein anderes Fenster wieder hereinkam. Außerdem setzte er sich über die exaktesten wissenschaftlichen Untersuchungen hinweg, indem er den Wissenschaftlern bewies, dass er ihre in einem Nebenraum angeschlossenen und fest verschraubten Messgeräte in eine freie Bewegung versetzen konnte, wodurch sie für jeden bedienbar waren.

Dem haftet nichts Geheimnisvolles an. Es zeigt ganz einfach, dass ihm in der Jugend der Glaube an derartige Fähigkeiten nachhaltig eingeflößt wurde. Der Mensch von morgen wird keine Flugzeuge benutzen, um zu reisen; er wird auf überhaupt keine mechanischen Transportmittel zurückgreifen, sondern Raum und Zeit auslöschen, indem er in sich geht und fühlt, dass er jetzt da ist, wo er gerne sein möchte – und sobald er die Augen öffnet, befindet er sich genau an dieser Stelle. Wenn Gott raumlos ist, wohin könnten wir dann reisen? Entfernung und Zeit sind nur Illusionen, hervorgerufen durch die fünf Sinne. Gott ist allgegenwärtig; daher reist er nicht. Gott ist zeitlos; folglich ist die Zeit nur eine Illusion. Der Mensch, der systematisch betet und sein eigenes Bewusstsein als Gott erkennt, bringt Raum und Zeit zum Verschwinden. Heute sind viele Leute der Ansicht, sie könnten dies lediglich in einem Astralleib bewerkstelligen, also sind sie hier auch nicht dazu imstande. *Euch geschieht, was ihr glaubt.*

Kürzlich gab es den Fall einer Frau, die einen Hellseher bat, den Aufenthaltsort ihres Mannes ausfindig zu machen; sie hatte seit sechs Monaten nichts mehr von ihm gehört. Dieser medial veranlagte Mensch begab sich in Meditation, besuchte den Ehemann in London und aß mit ihm zu Abend. Die Frau, die im Vorzimmer gewartet hatte, öffnete die Tür und sah den Hellseher in Trance. Nach wenigen Minuten kam er auf sie zu und berichtete, ihr Mann werde mit dem Schiff zurückkehren; er nannte den Namen des Schiffs und das Datum der Ankunft. Als der Ehemann schließlich eintraf, erzählte sie ihm von ihrer Erfahrung mit dem Medium. Er sagte: »Ja, bei mir tauchte ein Mann auf, der mir mehrere Fragen stellte, unter anderem die, warum ich dir nicht geschrieben hätte. Wir speisten zusammen, und da fand ich seine Fragen nicht seltsam; aber als er dann plötzlich verschwand, gerade nachdem wir durch die Tür des Hotels gegangen waren, kam mir das Ganze doch ziemlich merkwürdig vor.«

Wir müssen uns selbst formen, um Raum und Zeit in der hiesigen Verkörperung und nicht erst im Astralleib zunichte zu machen. Einige Leute glauben, sie können Astralreisen unternehmen, dabei gesehen werden und Geschäfte abwickeln; andere wiederum meinen, dass sie sich nur psychisch woandershin begeben und *nicht* gesehen werden können, selbst aber sehr wohl sehen, was dort passiert, und dann darüber berichten. Alles hängt vom Glauben ab, von einem in bestimmter Weise hergestellten Bewusstseinszustand. Es gibt keinen Raum, keine Zeit. Wir leben in der Illusion von Raum und Zeit. Heute gibt es in den Vereinigten Staaten und in anderen Teilen der Welt Menschen, die niemals Straßenbahnen, Züge oder sonstige Transportmittel benutzen, um nach Hause zu fahren. Sie erkennen im Bewusstsein, dass sie jeweils an dem Ort sind, wo sie zu sein wünschen. Der Mensch von morgen wird nicht von New York nach London reisen. Er weiß, dass London in seinem Innern ist, also versetzt er das Dort ins Hier; Ferne wird zu Nähe. Er wird die Augen schließen und intensiv fühlen, dass er sich in diesem Augenblick in London befindet und jene Dinge tut, die er vorhat. Er empfindet einfach die Natürlichkeit eines solchen Zustands – und ihm geschieht, was er glaubt.

Auch dies ist keineswegs geheimnisvoll. Wir müssen heute, jetzt anfangen, Raum und Zeit ad absurdum zu führen; schließlich wird daraus eine innere Überzeugung, die sich sofort in konkreten Ergebnissen niederschlägt. Die alten Mystiker wussten alles über die Gesetze der Mathematik, der Geometrie, der Aerodynamik, des Maschinenbaus, aber sie sahen keine Notwendigkeit für ein Flugzeug oder einen Zug. Daher erkannten diese Menschen mit dem Einblick in die großen Gesetze des Lebens, wie die Bibel sie lehrt, folgende ebenso einfache wie grundlegende Wahrheit: dass alle Kräfte und Möglichkeiten genauso in ihnen sind, wie Gott ihnen innewohnt. Man mag darüber spotten, aber das ist nichts Neues. Die Leute spotteten auch über die Idee des Telegrafen, des Radios, des Fernsehens, des Flugzeugs. Derlei wurde für unmöglich gehalten von den so genannten Neunmalklugen, die scheinbar alles wussten und doch völlig ignorant waren. Wenn wir Schüler und Schülerinnen der Wahrheit sind, müssen wir uns deutlich vor Augen halten, dass für Gott alles möglich ist. Was also ist merkwürdig oder erschreckend an einer Person, die sich jetzt in New York und einen Moment später in Chicago aufhält? Ich meine körperlich, im eigentlich physischen Sinne. Wir müssen im Bewusstsein leben, dass unser Gebet unmöglich misslingen kann. Träumen Sie alle Dinge in ihr Dasein. Fixieren Sie diese als tatsächliche Bewusstseinszustände, und sie werden sich von selbst verkörpern. Erst die Vorstellung, dann die Verwirklichung. Empfinden Sie alle Dinge auf ganz natürliche Weise. Das Ganze ist dort enthalten, wo Sie gerade sind, eben weil Gott Ihnen innewohnt. Der Arzt von morgen wird keine Tabletten, Diäten oder andere medizinische Behandlungen verschreiben, keine Röntgenaufnahmen anfertigen lassen. Vielmehr wird er jene Einstellung annehmen, die auf dem Gebet beruht, und das Gesetz der Substitution praktizieren, also das Negative durch das Positive ersetzen. Er wird nicht den kranken Menschen sehen, sondern, im Gegenteil, den vollkommenen, strahlenden Menschen, der sich selbst freudig zum Ausdruck bringt. Der Arzt von morgen wird die gute Nachricht hören und empfangen, da er der wahre Mystiker ist, in Übereinstimmung mit Ihm, der alle Krankheiten heilt. Es gibt heute schon einige Ärzte, die dementsprechend arbeiten. Haus, Grundbesitz, Eigentum und Geld werden für den Menschen von morgen keinen Wert mehr haben.

Wer das metaphysische Buch *This Is It* (Das ist es) gelesen hat, wird sich vielleicht an die Geschichte des jungen Mannes erinnern, der mit seinem Tausende von Kilometern entfernten Bruder sprechen konnte, ohne sich irgendeines technischen Hilfsmittels zu bedienen. In heutiger Zeit werden viele ähnliche Fälle berichtet. Das menschliche Ohr vermag nur Schallwellen in einem bestimmten Frequenzbereich wahrzunehmen; ein Hund etwa hört Geräusche, die der Mensch nicht hören kann. Die Stimme eines Ehepartners in Übersee zum Beispiel erzeugt Schallwellen. Diese gehen um die Welt und halten nie inne. Wir können am Radio Nachrichten aus jedem Teil der Welt hören, doch der Ansager spricht ganz normal. Wir hören ihn deshalb, weil wir und er mit einem empfindlichen Apparat für das Senden und Empfangen von Lauten und Tönen ausgestattet sind. Ein liebevoller Ehemann und seine Frau besitzen ein noch größeres Instrument – die Liebe Gottes oder die Liebe zur Einheit. Zwischen ihm und ihr werden Gedanken und Gefühle übermittelt; die Schallwellen überbrücken die Kluft. Einige Ehefrauen vernehmen die Stimmen ihrer Männer so deutlich, als wären diese nur einen Schritt von ihnen entfernt, obwohl sie in weiter Ferne weilen. Wenn die Liebenden zu Hause bewusst und systematisch die Kunst einüben würden, der Stimme des Gegenübers zu lauschen, könnten sie trotz räumlicher Trennung so frei und unbeschwert miteinander kommunizieren, als wären sie eng beisammen; ihre Verständigung wäre dann sogar noch klarer, noch inniger. Der Mensch von morgen wird weder Radio, Fernsehen, Telefon noch andere Geräte benutzen, die allesamt veralten, sondern ausschließlich seinen Geist. Man hat festgestellt, dass beispielsweise die Telepathie genauer und zutreffender ist als Botschaften aus dem Radio. (Lesen Sie nur das Buch *Thoughts Through Space* [Gedanken durch den Raum] von Sir Hubert Wilkins und Harold Sherman.)

Wir sprachen davon, dass Grundbesitz und Eigentum ihren Wert verlieren. Ja, der Geschäftsmann wird sein Büro in New York verlassen und augenblicklich im kalifornischen oder italienischen Venedig sein. Er wird jenen Sommersitz, jenes klimatisierte Auto oder jene Yacht im Hafen nicht mehr brauchen. Was könnte man diesem Menschen von morgen geben? Er besitzt schon alle Dinge. Man kann ihm keinen Sonnenschein verkaufen. Er gebietet über Winde und Wellen. Wenn Sie Geld benötigen, hebt er die Hand in die Luft und schenkt Ihnen ein paar Münzen. Alle Dinge sind in der Luft. Er wird mit seinem Geist in der Luft »schürfen« und zu Tage fördern, worum Sie bitten. »Nichts wird erzeugt; nichts wird; alles ist, und alles ist Gott.«

Der Mensch von morgen wird kein Zyniker, kein Besserwisser sein, sondern ein Demütiger, der sagt: »Ich glaube, Herr; hilf mir gegen meinen Unglauben.« Außerdem wird er seine Vorstellung an jeden Ort der Welt projizieren und die Person sehen können, mit der er sprechen möchte. Dazu bedarf er keines Fernsehens oder Telefons. *Der das Ohr gemacht hat, kann er nicht hören? Der das Auge gemacht, kann er nicht sehen?* Wenn wir innere Einkehr halten und uns dem eigenen Bewusstsein, also Gott zuwenden, befinden wir uns am Ausgangspunkt der Ursachen, an der Quelle aller Kraft. Folglich brauchen wir dem, was die Medizin oder irgendeine andere Wissenschaft über unser begrenztes Seh- und Hörvermögen sagt, keinerlei Beachtung zu schenken; aus dem einfachen Grund, weil derjenige, der alles sieht und alles hört, in uns ist. *Glaubst du dies?*

Hellsicht und Hellhörigkeit sind heute wohlbekannte Phänomene, die von den echten Wissenschaftlern bestätigt werden. Die Gedanken des Menschen bilden ein wahres Universum. Ein Mann und eine Frau, die einander lieben, verbinden sich zu einer einzigen Harmonie. Wenn wir Gott lieben, mit Ihm übereinstimmen und seine Eigenschaften beanspruchen, werden wir Ihm immer ähnlicher; so erscheint es uns nicht als Diebstahl, seine Werke auszuführen. Der Mensch ist Gott, der über die Erde wandelt, aber das hat er vergessen. Wir kommen wirklich in Einklang mit unserem Höheren Selbst, wenn wir uns in Einklang bringen mit Gott. Derjenige, der das Lied des Lammes singt (»Ich bin Christus«), ist der Mensch von morgen.

Die Türen mögen verschlossen und die Fenster vergittert sein, aber der Mensch von morgen wird inmitten der Versammlung körperlich auftauchen. Er wird auf dem Wasser gehen und nach Belieben erscheinen, verschwinden und wiedererscheinen. Diese Ereignisse werden so häufig eintreten, dass die Leute nicht mehr die Frage stellen: *Was für einer ist das, dem die Winde und die Meere gehorchen?*

Der Mensch von morgen wird wie Geist sein. Die Sonne wird ihn nicht verbrennen, und selbst bei 30 Grad unter Null wird er nicht frieren. Blitze mögen Wolkenkratzer spalten, Flüsse Täler überschwemmen, er aber wird keine Angst haben. Er wird die Wolken ersteigen, auf Sonne und Mond reiten und mühelos über die vier Meere wandern. Er kennt keinen Tod, denkt weder an Gewinn noch an Schmerz.

Alle vom Menschen ersonnenen Gesetze sind mit Strafen verbunden. Gott erschuf sämtliche Wesen und Dinge und erklärte sie für gut. Das Gesetz Gottes ist die Wahrheit. Ein hiesiges Gesetz dagegen setzt zwei Parteien und eine Übereinkunft voraus, aber derlei zeugt von menschlichem Denken. Wenn ein in die Luft geworfener Stein zu Boden fällt, ist das ein Gesetz oder eine Wahrheit, die weder Belohnung noch Strafe beinhalten. Und wenn Sie zulassen, dass Ihnen der Stein auf den Kopf fällt, so heißt das nur, dass Sie versäumt haben, ihm aus dem Weg zu gehen.

Es ist völlig verkehrt zu behaupten, Gott mache Gesetze, die der Mensch missachtet. Vielmehr glaubt der Mensch eine Lüge, und daraus resultieren dann Krankheit und Leid. Er hat sich selbst ein Gesetz aufgezwungen und ist an seine falschen Überzeugungen gekettet. Die Naturgesetze sind nicht getrennt oder verschieden von den Gesetzen des Innenlebens. Keine Kraft des Universums existiert außerhalb des Menschen. Dessen innerste Wirklichkeit ist die Eine Identität, in der die ganze Welt kreist, lebt und ihr Sein hat.

Die Mitte dieses großen Rades steht immer still; dort befindet sich die Sphinx oder das formlose Bewusstsein im Menschen, das durch alle Zyklen der Verwandlung hindurch unbewegt bleibt. *Du wirst dich ergötzen am Sabbat*. Der Sabbat ist unsere Überzeugung – die Ruhe des Herrn, die Stille, die auf das innere Wissen folgt, dass unser Gebet beantwortet wird. Wir dürfen nur das Gute vernehmen. Wenn Sie hören, wie eine Person die andere kritisiert, so teilt sie Ihnen im Grunde mit, wer sie ist. Sie brauchen deren Bezugspunkte nicht weiter zu überprüfen; sie hat Ihnen bereits den eigenen Charakter völlig offenbart – und der Charakter ist Schicksal. Sämtliche Fehler, die sie kritisierte, sind in ihr selbst zu finden.

Bei meinen Vorträgen zum Thema »Wahrheit« sagen Zuhörer häufig: »Ich bin überaus froh, dass ich heute Abend meinen Mann (meine Frau) mitgebracht habe, denn Ihre Ausführungen treffen gewiss auf ihn (sie) zu.« Wer so spricht, denkt nie daran, dass die Ausführungen ihn (sie) selbst betreffen oder dass er (sie) in irgendeiner Weise verantwortlich zu machen wäre.

Wir glauben, dass uns durch den Verlust einer Sache, die fünf Dollar gekostet hat, etwas Wertvolles abhanden gekommen ist, weil wir dauernd ans Geld denken. Doch wenn wir ein inneres Glück einbüßen, was der größte Verlust überhaupt ist, macht uns das nicht viel aus, weil wir ohnehin mit dem traurigen, düsteren Zustand zu rechnen scheinen und ihn als unausweichlich betrachten.

Immer wieder soll ich in Häusern, in die man mich einlädt, das Tischgebet sprechen. Dann sage ich nur folgende Worte: »Gehe deinen Weg und speise deine Nahrung mit Freude.« Der einzige wahre Dank besteht in einer frohen Gemütsverfassung; sie ist das beste Mittel, um aufzunehmen und zu verdauen – gewonnen aus dem stillen inneren Wissen, dass Gottes Reichtümer im Überfluss vorhanden sind. Die mechanische Wiederholung eines kunstvollen Gebets ist ebenso sinnlos wie abstoßend und führt in einigen Fällen zur Verdauungsstörung. Wenn Sie guter Stimmung sind, werden die natürlichen Sekretionen zum Wohlbefinden beitragen, und die verzehrte Nahrung wird völlig verdaut. Wenn Sie jedoch glauben, die Nahrung sei verdorben, wenn Sie deprimiert, allzu kritisch oder wütend sind, wird diese in der Speiseröhre und im Magen zu einem Klumpen. Die Magensäfte trocknen aus. Das kann in Hypnose leicht nachgewiesen werden. Wenn Sie ständig besorgt sind, spielt es keine Rolle, was Sie essen – am Ende bilden sich Geschwüre im Magen oder Zwölffingerdarm. Entspannen Sie sich, und seien Sie glücklich, dann genesen Sie und die Geschwüre verschwinden. Diese existierten nur deshalb, weil Sie fortwährend eine Lüge glaubten – und den Meinungen der Leute. Eine falsche Überzeugung führt letztlich in die Krankheit. Einige beten dann zu Wesenheiten im Raum, um geheilt zu werden, andere nehmen Tabletten, und wieder andere beten zu einem Gott außerhalb ihrer selbst und fragen sich, ob sie nicht völlig unwürdig sind. Für die meisten Menschen ist Beten eine Art Glückstreffer oder ein misslungener »Antrag«; sie wissen nicht, ob ihr Gebet je beantwortet wird. Gewiss, wer an die Wirkung einer Tablette fest glaubt, wird gesunden. Es ist der Glaube, der heilt, nicht die Tablette. Doch der Glaube ist eine Sache, die allumfassende Wahrheit eine andere. *Die Kinder dieser Welt sind klüger als die Kinder des Lichts.* (Lukas 16,8)

Und ich sage euch auch: Machet euch Freunde mit dem ungerechten Mammon, auf dass, wenn es damit zu Ende ist, sie euch aufnehmen in die ewigen Hütten! (Lukas 16,9) Das heißt, es ist besser, an etwas zu glauben als an gar nichts. Denn *die Kinder dieser Welt* sind jene, die weltlichen Überzeugungen anhängen, zum

Beispiel dem Aberglauben, dass eine Hasenpfote sie beim Autofahren vor jedem Schaden bewahrt. Wenn der Fahrer stillschweigend daran glaubt, wird ihm nichts Schlimmes widerfahren, solange er diesen Talisman bei sich hat. Natürlich ist die Dummheit und Falschheit eines solchen Glaubens dem Schüler der allumfassenden Wahrheit mehr als deutlich, denn er weiß: Wenn die Hasenpfote verloren geht oder gestohlen wird, ist damit auch der »Gott« des Besitzers verloren, und das Unglück nimmt seinen Lauf. Trotzdem ist dieser Mensch, der zudem vielleicht glaubt, dass er durch das Anzünden einer oder mehrerer Kerzen jemanden heilen kann, *klüger als die Kinder des Lichts*. Anders ausgedrückt: Ein Mensch, der die allumfassende Wahrheit gehört und anerkannt hat, sie aber nicht anzuwenden weiß, ist kein bisschen klüger als zuvor.

Leider gibt es Tausende dieser Kinder des Lichts, die eine Prüfung in Metaphysik mit Bestnote bestehen, zugleich jedoch vor einem Zahnschmerz kapitulieren. Sie setzen ihre Kenntnisse nie in die Praxis um, sondern reden nur darüber. Folglich ist derjenige, der an Talismane oder Kerzen glaubt, an geistige Wesenheiten, die mit heilkräftigen Flügeln den Raum durchqueren, klüger und besser dran als die Kinder des Lichts. In letzter Konsequenz aber müssen wir zu Lichtmenschen werden und unser Licht vor den anderen scheinen lassen, damit sie unsere guten Werke sehen und unseren Vater im Himmel verherrlichen.

Die Nahrung, die wir verzehren, muss geistiger Natur sein – das Brot des Himmels, die lebendige Wahrheit. Sie macht uns gesund und glücklich. Sobald wir uns zum Essen hinsetzen, wollen wir daran glauben, dass die Speise uns gut tut. Wenn wir hingegen unter Protest essen, wird sie uns schaden. Trinken wir, gegen unser besseres Wissen, einen Cocktail nur, um unsere Gastgeberin zu erfreuen, so wird er uns nicht bekommen. Entscheidend ist, was wir wirklich glauben, nicht, was wir gerne glauben würden. Einigen Leuten gefällt es, beim Essen den Tisch wie durch Geisterhand zu kippen und ringsum seltsame Geräusche hervorzubringen. Diese Handlungsweise geht allerdings nicht auf Geister zurück, sondern auf einen bestimmten Bewusstseinszustand, der vom Gesetz der Auflösung beherrscht wird: Es ist jener sonderbare passive Zustand, in dem man auch die Alphabettafel spiritistischer Sitzungen benutzt und hoffnungsvoll auf eine Botschaft aus dem Jenseits wartet. Niemand anderes als der Mensch selbst dreht die Alphabettafel, denn es gibt keine körperlosen Wesenheiten. Wer das automatische Schreiben praktiziert, in der Alphabettafel liest oder sonstige mediale Operationen vornimmt, fürchtet sich gewöhnlich vor bösen Geistern im Raum. Diese Angst, gepaart mit einer negativen inneren Verfassung, resultiert zwangsläufig in einer gespaltenen Persönlichkeit oder in der so genannten Schizophrenie. Das ist eine schlechte Speise, auf welche die Bibel verweist: *Du sollst keine abscheuliche Nahrung essen.*

Wir müssen also unsere Vorstellungen, die Tatsachen des Bewusstseins sind, von derartigem Aberglauben befreien und an ihnen festhalten; dadurch erzeugen wir jene für die Aufnahme wunderbarer Nahrung notwendigen Gefühle: eine frohe und glückliche Stimmung. Wenn wir in diesem Zustand einschlafen, wird die Wüste genauso blühen wie die Rose.

Die Stimme in der Wüste

Und er bekannte und leugnete nicht, und er bekannte: Ich bin nicht der Christus. (Johannes 1,20)

Ich taufe mit Wasser; aber er ist mitten unter euch getreten, den ihr nicht kennet. Der ist's, der nach mir kommen wird, des ich nicht wert bin, dass ich seine Schuhriemen auflöse. (Johannes 1,26–27)

Johannes der Täufer ist nicht der Christus, aber er weist den Weg zu Ihm. Jeder Mensch wird, nachdem er die zwölf Jünger zur Jüngerschaft gerufen hat, im Hier und Jetzt Jesus Christus oder Gottmensch; er verwandelt sich in Jesus mit seinen zwölf geschulten Vermögen, welche die Zahl Dreizehn oder die heilige Zahl Gottes versinnbildlichen.

Christus als unveränderliches Bewusstsein ist in jedem Menschen gegenwärtig, und sobald alle falschen Überzeugungen von uns gewichen sind, kommt das reine Wesen oder Christus zum Vorschein. Diese innere Reinigung findet statt, wenn jedes unserer zwölf Vermögen in höchstem Maße geschult und voll ausgebildet ist. Wir müssen die Fähigkeit erlangen, allein das Gute zu sehen, überall und in jedem Menschen die göttliche Vollkommenheit wahrnehmen. Wir müssen *Asche gegen Schönheit* und *die Klage gegen das Öl der Freude* eintauschen.

Die Wahrheit ist eine innere Wahrnehmung; indem wir also unseren Blick ständig auf das Wirkliche im Innern richten, wo das Lied des Triumphs erklingt, rufen wir den ersten Jünger Andreas zur Jüngerschaft. Dann rufen wir Petrus zur Jüngerschaft, indem wir ausschließlich gute Botschaften oder das Evangelium vernehmen. Es handelt sich um ein inneres Hören, um das geschulte Gehör des Mystikers, der nur die Stimme Gottes oder des Guten und in Bezug auf jeden Menschen nichts als die Wahrheit hört. Durch dauernde Anwendung des Gesetzes, durch tägliches Meditieren und Beten rufen wir Christus oder das wahre Selbst wach und offenbaren so den Menschen als Gott.

Er bekannte und leugnete nicht – das heißt, wir machen uns das Gefühl zu eigen, so zu sein, wie wir sein möchten. Dabei werden keine negativen Aussagen benutzt. Die Taufe des Johannes veranschaulicht diesen Vorgang: *Die fragten ihn und sprachen zu ihm: Warum taufst du denn, wenn du nicht der Christus bist noch Elia noch der Prophet?* (Johannes 1,25) Der Prophet ist Jesus – unsere Überzeugung oder tiefe Empfindung, frei zu sein. Wenn wir uns dafür begeistern, ist diese Empfindung im Wesentlichen eine Prophezeiung. Elia steht für Elijah: »Gott ist mein Vater.« Ehe wir den Zustand der Begrenzung hinter uns lassen können, muss Elijah kommen, muss das Gesetz des Bewusstseins erkannt werden. Johannes aber geht noch einen Schritt weiter als Elijah, entdeckt also nicht nur, dass sein Bewusstsein Gott ist; er *handelt* auch aufgrund dieser Voraussetzung und fängt an, seine eigene Welt zu *ändern*. Viele befinden sich im Zustand des Elijah und bekräftigen auf intelligente Weise, dass Gott ihnen innewohnt; doch sie machen nichts daraus.

Er sprach: »Ich bin eine Stimme eines Predigers in der Wüste: Richtet den Weg des Herrn!« (Johannes 1,23) Das ist das angeborene Prinzip in jedem Menschen, der immerzu nach Licht und Ausdruck sucht – oder Gott, der danach strebt, als Lebendigkeit und

Großzügigkeit zum Vorschein zu kommen. Den Menschen drängt es unaufhörlich, der Welt Leben, Liebe und Schönheit zu schenken. Sobald er damit aufhört, stirbt er ab, geht er zugrunde an Krankheit und geistigem Verfall. Wir haben den instinktiven Wunsch, den Dingen Schönheit, Ordnung und Symmetrie zu verleihen. Gott ist der Kreis ohne Umfang und die überall gegenwärtige Mitte. Auch wir bilden einen vollkommenen Kreis, wenn wir allen Menschen ringsum Gedanken an Leben, Liebe und Schönheit übermitteln; dann kommen diese hundertfach vervielfältigt zu uns zurück.

Der lustvolle Strom, der durch uns zieht, ist nicht nur ein sexueller Drang, sondern das perfekte Verständnis von Gott, der Geben oder reines Verlangen ist. Ja, Gott ist reines Verlangen. Die *Wüste* dagegen versinnbildlicht unsere Frustration, die aus dem Widerwillen resultiert, die eigenen Gaben mit der Welt zu teilen. Wir müssen geben, geben und nochmals geben; jeder Mensch kann im Bewusstsein ein Geschenk der Liebe machen, das größte Geschenk überhaupt. *Wenn ich erhöht werde, ziehe ich alle Menschen an mich.* Wenn Sie jetzt im Schweigen Ihr Bewusstsein heben oder den Hügel Gottes ersteigen, Menschen, Verhältnisse, Dinge so sehen, wie sie sein sollten, und die Freude am beantworteten Gebet empfinden, so beschenken Sie – reicher, als es Ihnen bewusst ist – die Welt und Ihren Nächsten. Das materielle Geschenk kommt immer nach dem Geschenk im Bewusstsein, nie davor.

Der Vers: *Richtet den Weg des Herrn!* weist ganz einfach auf den gewünschten Zustand. Wir ebnen ihm den Weg, indem wir sämtliche Hindernisse – Zweifel, Angst und unnütze Gedanken – beseitigen.

Ich taufe mit Wasser. Wasser nimmt die Form jedes Gefäßes an, in das es gegossen wird. Folglich bedeutet es unbedingtes Bewusstsein, in dem für alle Menschen alles enthalten ist. Wenn wir das ICH BIN benutzen, prägen wir unser Bewusstsein durch Glauben. Hegen Sie dagegen emotionalisierte Gedanken wie zum Beispiel ›Ich bin krank‹, ›Ich bin alt‹ oder ›Ich bin müde‹, so verwandeln diese sich in starre Zustände – und nehmen die Form jenes Gefäßes an, in das sie gegossen wurden. Wasser ist ein Reinigungsmittel. Wir reinigen oder befreien unser Bewusstsein von einer Sünde, von einem Irrtum oder einer Begrenzung, indem wir unsere Gemütsverfassung ändern oder eine neue Vorstellung entwickeln und uns dafür begeistern; so entsteht hieraus schließlich eine innere Überzeugung.

Wenn im Johannesevangelium, das reiner Mystik gleichkommt, geschrieben steht: *Ich bin nicht der Christus*, dann heißt das: Johannes, das Bewusstsein, ist nicht Christus und hat es nicht verdient, seinen Schuhriemen aufzulösen. Das Bewusstsein selbst ist nicht schöpferisch. Der subjektive Geist aber besitzt Allwissenheit, Allmacht, Allgegenwart. Daher müssen wir das Bewusstsein zum Verstummen bringen und am geheimen Ort des Höchsten im reinen Bewusstsein verweilen. Wenn all unsere Sinneswahrnehmungen wie Sehen, Hören, Tasten usw. nach innen gewendet und auf das Wirkliche gerichtet werden, wenn wir das Lied des Triumphs fühlen und singen, sind wir im Gebet oder im Einklang mit dem Unendlichen. Haben wir dagegen ein Problem, so ist es die Wirkung einer Ursache, die wir selbst in Gang brachten. Wir müssen uns völlig darüber im Klaren sein, dass Gott keine Probleme hat. Er ist Frieden, Liebe und unendliche Intelligenz. In der Verwirrung brauchen wir nicht mehr zu tun, als die Welt des Lärms mitsamt dem Problem zu verlassen und der Stimme des Heiligen Einen von Israel – Gott – zu lauschen. In dieser Stille wird das Bewusstsein auf eine höhere Ebene gehoben, wo alle irdischen Größen erlöschen. Gerade dann erlangen wir die Freiheit. Die Intuition, also die Allwissenheit Gottes, strömt durch das Problem, und plötzlich ist es verschwunden. Wir müssen einsehen, dass Gott niemals durcheinander ist. Er kennt nicht das Problem, sondern nur die Lösung. Infolgedessen steigen wir zu dem Punkt auf, wo uns die richtige Antwort bewusst wird. In Analogie dazu kennt auch die Mathematik letztlich weder Problem noch Irrtum, sondern nur die Lösung. Sie kann unmöglich im Problem oder Irrtum verharren.

Wir leben in einem Kosmos, nicht in einem Chaos. Kosmos ist gleichbedeutend mit Ordnung; der Mensch hingegen ruft Unordnung hervor. Daher müssen wir, betend oder meditierend, unseren Blick fest auf Gott oder unser Gut richten – in der Gewissheit, dass Er die Lösung und nicht das Problem ist. Im großen Drama des Lebens ist Gott der einzige Schauspieler. Und nicht nur das: Er ist auch der Autor und das Skript. Der Mensch ist Gottes Ausstrahlung, eine Erweiterung des Grenzenlosen Einen, der eine Zeit lang Milliarden von Rollen spielt, von uns jeweils persönliches Leben genannt. Wenn die besondere Rolle endet, zerfällt die Hülle, da sie nicht mehr gebraucht wird, und der Geist, der ihr Leben einhauchte, kehrt zu seiner Quelle zurück. Wird uns etwa nicht gesagt: *Auf meinem Heiligen Berg geht nichts verloren*? Wenn ein Mensch stirbt, lebt sein Geist weiter in allen Menschen. Dieser stirbt niemals; er setzt seine Reise fort bis zum Ende des kosmischen Tages, bis der Eine *alle* wieder in sich aufgenommen hat. Der vollkommene Mensch ist noch nicht geboren, doch wenn einer dem Einen von Angesicht zu Angesicht gegenübersteht, findet eine unvorstellbare Umwälzung statt. Sofort werden alle Menschen aus dem Traum vom Menschsein erwachen, weil es nur einen Menschen gibt und alle Menschen nur dessen Erweiterungen im Raum sind. Doch da alle Menschen in jedem von uns sind, erwachen sie alle, sobald einer ganz erwacht ... *auf dass sie alle eins seien, gleichwie du, Vater, in mir und ich in dir; dass auch sie in uns seien ... Und ich habe ihnen gegeben die Herrlichkeit, die du mir gegeben hast, dass sie eins seien, gleichwie wir eins sind ...* (Johannes 17,21–22)

... ich in ihnen und du in mir, auf dass sie vollkommen eins seien ... (Johannes 17,23) In esoterischer Hinsicht heißt das: Wenn wir uns mit dem Licht identifizieren, werden wir zu Licht und fließen wieder mit dem Grenzenlosen Licht. *Keiner kann das Angesicht des Vaters sehen und leben* – das bedeutet, wenn der vollkommene Mensch erwacht, wird er eins mit dem Vater oder dem All; das Partikulare geht über ins Universale, und alle Menschen werden gleichzeitig vollkommen. Die Schriftrolle wird zusammengerollt, und der Mensch träumt einen neuen Traum. Da es tatsächlich nur einen Menschen gibt, sollten wir aufhören, uns selbst zu täuschen mit dem Versuch, den Einen in Viele

aufzuteilen. *Höre, O Israel, der Herr, dein Gott, ist Einer.*

Der Wind bläst, wo er will, und du hörst sein Sausen wohl; aber du weißt nicht, woher er kommt und wohin er fährt. So ist ein jeglicher, der aus dem Geist geboren ist. (Johannes 3,8) Dieser mag sich nach Osten wenden, jener nach Westen, doch entscheidend ist der psychische Zustand – »das Setzen der Segel« –, die innere Verfassung, die man sich zu eigen macht. Sie kommt von nirgendwo, tritt aus dem Unsichtbaren ins Sichtbare. *Solange ich bei ihnen war, erhielt ich sie in deinem Namen, den du mir gegeben hast, und habe sie bewahrt, und ist keiner von ihnen verloren außer dem Sohn des Verderbens.* (Johannes 17,12) Alle Worte, Überzeugungen, Eindrücke und Suggestionen werden erfüllte Wirklichkeit, und nichts geht verloren außer dem Gefühl von Verlust *(Verderben). Kannst du glauben? Alles ist möglich für den, der da glaubet.*

Oft hören wir die abgedroschene Frage: »Wie aber verhält es sich mit den Gesetzen, die die Materie betreffen?« Die einzigen Gesetze dieser Art wurden Ihnen bei der Geburt eingeprägt und bestehen so lange fort, wie Sie daran glauben. Obwohl Sie wahrscheinlich an die Gesetze der Bewegung glauben, gibt es einige andere, die nicht daran glauben und daher solchen Gesetzen nicht unterworfen sind. Jesus sagte: *Ich bin gekommen, die Blinden sehend und die Sehenden blind zu machen* – das heißt: Alle Dinge existieren *jetzt*, aber wir weigern uns, das zu glauben. Können Sie wirklich daran glauben, dass Sie (die Inhalte Ihres Bewusstseins) Gott sind, der über die Erde wandelt, wenn Sie vom Absoluten Bewusstsein aus denken und handeln? Dieses schafft immer *nach seinem Bilde* – sowohl auf der mikrokosmischen wie auf der makrokosmischen Ebene. Und das Erschaffene ist stets abhängig vom Bewusstsein des Schöpfers.

Schlaf – der Sabbat

Mein Sohn, bewahre das Gebot deines Vaters und lass nicht fahren die Weisung deiner Mutter. Binde sie dir aufs Herz allezeit und hänge sie um deinen Hals, dass sie dich geleiten, wenn du gehst; dass sie dich bewachen, wenn du dich legst; dass sie zu dir sprechen, wenn du aufwachst. (Sprüche 6,20–22)

Im Schlaf sind wir jede Nacht mit unserem Vater vereint, werden wir eins mit dem *Alten der Tage*. Vor dem Einschlafen müssen die Schüler der Mysterien lernen, jenes blendend weiße Licht zu schauen, das für immer vom großen weißen Thron ausstrahlt, vom Geheimen Ort des Höchsten oder vom Heiligtum der Heiligtümer im Menschen. Wir können uns vorstellen, das weiße Licht zu sehen, und dadurch wird unser Geist vollkommen besänftigt. Ohne unsere Erlaubnis kann nichts im Spiegel dieses Lichts erscheinen.

Nun sind wir die ersten im Becken des Schweigens, in das niemand gelangen kann außer unserem ICH BIN, das die erste Person in der Gegenwartsform darstellt … *wenn ich aber komme, steigt ein anderer vor mir hinein.* (Johannes 5,7) Was vor Ihnen hineinsteigt, sind solche unnützen Gedanken wie Angst, Zweifel, Hoffnungslosigkeit, Selbstmitleid usw. Wenn Sie jedoch diese bösen Geister oder Stimmungen vertreiben, wird Jesus, Ihr eigenes ICH BIN, sanft zu Ihnen sprechen: *Stehe auf, nimm dein Bett und gehe hin!* (Johannes 5,8) Dann tritt die Heilung ein. Wer über die ewigen Wahrheiten und die Herrlichkeit Gottes nachsinnt, fühlt eine innere Bewegung, die vom Göttlichen Licht herrührt, sichtbar wie ein goldgelbes Licht. Wörter können nicht immer die Dinge hinter dem Schleier erklären oder zum Ausdruck bringen; es gibt viele mystische Erfahrungen, die wir nicht formulieren können – etwa die Ekstase himmlischer Glückseligkeit und Liebe. Die Meditation ist jene innere Kommunion, die wie eine nächtliche Diebin ihr Werk verrichtet – geräuschlos in der Seele des Menschen. Eine derartige Gemütsverfassung kann nicht durch Worte ausgedrückt werden, da sie jenseits des sprachlichen Symbolismus angesiedelt ist. Ins Schweigen eintreten heißt, mit dem Selbst oder dem inneren Christus Zwiesprache halten. Das ist die unmittelbarste Annäherung an das Unsichtbare.

Die folgende Methode eignet sich sehr gut dafür, aus biblischen Texten Inspiration zu empfangen. Stellen Sie sich zunächst vor, dass in der Tiefe Ihrer selbst der König der Könige, der Herr der Herren, der Fürst des Friedens wohnt, der weiß gekleidet und die Erscheinung jenes Lichtes ist, das von Seinem Gesicht ausstrahlt. Verweilen Sie bei diesem Bild. Malen Sie sich aus, dass dieses Wesen auf einem Thron gleißenden Lichts sitzt und Ihnen Licht abgibt. Erkennen Sie dann, wie Ihr Verstand von Jesus Christus oder der Wahrheit gesalbt wird. Sie werden ein Kribbeln entlang der Wirbelsäule und Feuchtigkeit auf der Stirn spüren – das ist der *Tau des Himmels*, von dem auch andere Bibelstellen sprechen: *Mein Kopf ist erfüllt von Tau* oder *Elohim wird dir den Tau des Himmels geben.*

Viele gute Menschen meinen, der Schlaf diene nur dazu, Körper und Geist völlig ruhig zu stellen. Sie glauben, ein Regenerationsprozess setze ein, der ein Gefühl von Wohlbefinden bewirke, weil die physische Energie erneuert werde. Der eigentliche Grund aber, warum wir uns schlafen legen, liegt in der *geistigen Weiterentwicklung*; daher ist es von höchster Wichtigkeit, vor dem Einschlafen alle disharmonischen Zustände zu vermeiden. Die Gottheit, die unsere Ziele formt, ist allwissend und zwingt den Menschen, sich von der Welt des Lärms zurückzuziehen, die der spirituellen Entfaltung abträglich ist. Er wird im Schlaf auf göttliche Weise geleitet und erhält dabei Antworten auf zahlreiche Probleme. Außerdem werden ihm im Traum Formeln, neue Erfindungen, Gedichte eingegeben. Viele Kapitel in Lehrbüchern oder Versuchsanordnungen in Laboratorien tauchten zuerst in Träumen auf und lieferten die entsprechende Antwort auf eine Frage des Träumers. Der Schlaf bedeutet also für den physischen Körper nicht Ruhe oder geistige Inaktivität; vielmehr schützt er vor Verwirrung, Unordnung und Zerstreuung im Bereich der objektiven Sinneswahrnehmung. Paulus sagte: *Ich sterbe täglich*. Der Schlaf ähnelt dem Tod – mit dem einzigen Unterschied, dass der so genannte Todesschlaf ein wenig länger dauert. In der Einen Gegenwart gibt es keine Abwesenheit. Daher können wir nicht aus uns heraustreten; all unsere Erfahrungen finden im eigenen Bewusstsein statt.

Nehmen wir einmal an, Sie möchten eine Erfindung oder Entdeckung machen, ohne sich auf einen Präzedenzfall oder ein Lehrbuch beziehen zu können. Vielleicht haben Sie nicht mehr als eine vage Vorstellung im Kopf. Die Methode, sie weiter auszugestalten, ist einfach. Eignen Sie sich alle vorhandenen Kenntnisse an, und sinnen Sie dann in passivem Zustand darüber nach, was Sie erfinden oder entdecken wollen. Übermitteln Sie schließlich dieses geistige Bild Ihrem Unterbewusstsein, und schlafen Sie ein. Seien Sie sich morgens nach dem Aufwachen Ihrer Sache sicher, und folgen Sie den »Hinweisen«, die Sie empfangen. Manchmal kommen diese als inneres Gefühl, dass die Lösung in einer bestimmten Richtung oder einer Reihe von Tatsachen liegt. Oft werden Sie feststellen, dass Ihnen die vollständige Formel oder Lösung im Traum erscheint. In solchen Fällen ist es klug, Stift und Papier in der Nähe zu haben, damit man nach dem Aufwachen die Eindrücke aus dem Traumzustand gleich notieren kann. Einige sagen: »Ich träume nie«, aber das stimmt nicht. Wir alle haben Träume, und wenn Sie sich an die Ihren nicht erinnern können, so suggerieren Sie dem Unterbewusstsein vor dem Einschlafen zwei Wörter: »Erinnere dich.« Es weiß, woran Sie sich erinnern sollen, und wird Ihre Anweisung genau befolgen.

Uns allen ist bekannt, dass das Unterbewusstsein niemals schläft. Ob Sie Schriftsteller, Lehrer, Arzt, Hausfrau oder Sekretärin sind – Sie können diese tiefe Wahrheit Abend für Abend zu Ihrem Vorteil nutzen. Prägen Sie dem Unterbewusstsein die richtige Vorstellung ein, damit es jede Nacht ans Werk geht, und seien Sie sich gewiss, dass seine Antwort mit Ihrer Bitte oder Ihrem Wunsch völlig übereinstimmt.

Die Genesis besagt, dass Gott am siebten Tage ruhte. Einige Leute, die die Bibel wörtlich nehmen, glauben offenbar, Gott sei erschöpft gewesen oder habe nach sechs Tagen Arbeit Erholung gebraucht. Eine solche Vorstellung ist natürlich unsinnig. *Und Gott segnete den siebenten Tag und heiligte ihn, weil er an ihm ruhte von allen seinen Werken, die Gott geschaffen und gemacht hatte.* (Genesis 2,3) Dieser Vers hat nicht das Geringste zu tun mit Ruhe oder Erholung. Der Sabbat kann jede Stunde oder jeder Augenblick tagsüber oder nachts sein. Er charakterisiert die höchste Befriedigung, die auf das Gebet folgt, das innere Wissen, dass das, worum man bat, eine unumstößliche Tatsache im eigenen Bewusstsein ist. Da der Grundsatz gilt: »Wie im Inneren, so im Äußeren«, erwartet man dann in Ruhe und Frieden den äußeren Beweis der inneren Erfahrung.

Wir haben zwei Augen, zwei Ohren, zwei Nasenlöcher und an siebter Stelle einen Mund. Darin »haben sterbliche Dinge ihren Eingang und unsterbliche Dinge ihren Ausgang«, wie Platon sagt. Alle Nahrung, die wir zu uns nehmen, wird in Gewebe, Muskeln, Knochen umgesetzt; schließlich zerfällt der Körper und kehrt zu den Elementen zurück. Aber im Schweigen, im stillen Zwiegespräch mit Gott, nachdem die sieben Vermögen beruhigt sind, spricht die leise Stimme des unsterblichen Gottes durch die Lippen. Es mag die Stimme der Intuition sein, jene Stimme, deren Schwingung Heilung bewirkt – oder das vierdimensionale Gefühl: »Es ist vollbracht.« Das ist die Ruhe oder der Sabbat des Herrn.

Der nicht von Menschenhand errichtete Tempel

Und der König Salomo sandte hin und ließ holen Hiram von Tyrus – den Sohn einer Witwe aus dem Stamm Naphthali, sein Vater aber war aus Tyrus gewesen –; der war ein Kupferschmied, voll Weisheit, Verstand und Kunst in allerlei Kupferarbeit. Der kam zum König Salomo und machte ihm alle seine Werke. (1. Könige 7, 13–14)

In der Mitte des Menschen brennt für immer die ewige Flamme Gottes. Dieses Zentrum ist das Heiligtum der Heiligtümer; dort hat das Absolute seinen Sitz.

Die Gebäude, die an König Salomos Tempel anschließen, sind Ihre Umgebung, Ihr Familienleben, Ihre Freundschaften; ja sämtliche Bereiche Ihres Lebens, ob geschäftlich oder gesellschaftlich. Diese müssen völlig makellos sein. Reinheit der Zwecke, Rechtschaffenheit des Handelns, Beherrschung der eigenen Gedanken und Gefühle, Tugendhaftigkeit im Allgemeinen – all diese Eigenschaften bilden das Fundament des Tempels, der nicht von Hand errichtet wird. Hierin liegt des Menschen Beteiligung und Befreiung. So kann er den Zugang zum Heiligtum der Heiligtümer suchen und dann auch finden, indem er den Rat der alten Propheten befolgt: *Was immer gerecht ist, was immer rein ist, was immer liebenswert ist, was immer von gutem Ruf ist, darüber denke nach, so es irgendeine Tugend, irgendein Lob gibt.* Mit anderen Worten: Wir müssen uns überall und jederzeit auf die Gegenwart Gottes besinnen.

Wenn wir das tun, verfügen wir über die enormen

Reichtümer an Gold und Edelsteinen, die für die Konstruktion von Salomos Tempel notwendig sind. Dieser Tempel ist Ihr SELBST.

Die Wahrheit des Seins beruht darauf, dass die ganze weite Welt sowie alle darin enthaltenen Wesen und Dinge der Selbstausdruck Gottes sind. Wer das nicht begreift, macht sich falsche Vorstellungen von der Wahrheit. Er sieht ringsum Beschränkungen jeder Art, fühlt sich getrennt von Gott und abhängig von den eigenen Bemühungen. Erkennen wir also, dass Gott sämtliche Werke *durch uns* vollbringt. Wenn jemand sich schlecht zu benehmen scheint, wird sein Verhalten aufgrund unseres Denkens und Fühlens, dass Gott durch ihn wirkt, allmählich besser. Doch warum sollten wir über die scheinbaren Fehler der anderen nachgrübeln und sie dadurch noch vergrößern? Jeder Mensch hat gottähnliche Eigenschaften, wenn wir nur danach suchen würden. *Suchet, und ihr werdet finden.* Wenn Sie sich nach dem Guten umsehen, werden Sie es auch finden. Um Ihres Friedens und Glücks willen (wenn nicht für einen noch höheren Zweck) sollten Sie den Versuch unternehmen, die Vorzüge in anderen Menschen zu entdecken. Es heißt, Thales habe auf die Frage, was am schwersten und was am leichtesten zu tun sei, geantwortet: »Das Schwerste ist, sich selbst kennenzulernen; das Leichteste, im Verhalten anderer Leute Fehler zu finden.«

Wenn Sie zu irgendeinem Zeitpunkt mit göttlicher Heilkraft ausgestattet sind, dann machen Sie sich bewusst: *Gott heilt diese Person durch mich.* Auf diese Weise bauen Sie den Tempel Gottes – denn Sie *sind* der Tempel des Lebendigen Gottes.

Und er richtete die Säulen auf vor der Vorhalle des Tempels; die er zur rechten Hand setzte, nannte er Jachin, und die er zur linken Hand setzte, nannte er Boas. (1. Könige 7,21) Jachin verweist auf die Unendliche Persönlichkeit oder die Gegenwart Gottes in jedem von uns. Er hat für uns persönliche Gestalt. Die andere Säule, Boas, versinnbildlicht das Gesetz von Ursache und Wirkung, zusammengefasst in der Formel: *Was ihr säet, das werdet ihr ernten*; es ist unpersönlich und kann auch »Liebe« genannt werden. Diese beiden Säulen bilden den Eingang zu König Salomos Tempel, wo sich der Geheime Ort des Höchsten in jedem von uns befindet. Gott wohnt im Schweigen; die Wahrheit wird im Schweigen übermittelt; die Wahrheit wird im Schweigen erlebt. Hiram von Tyrus, der Erbauer des Tempels, ist jener Mensch, der nun weiß, dass sein Bewusstsein Gott ist.

Und es stand auf zwölf Ochsen, von denen drei nach Norden gewandt waren, drei nach Westen, drei nach Süden und drei nach Osten, und das Meer stand obendrauf, und ihre Hinterteile waren alle nach innen gekehrt. (1. Könige 7,25) Die Ochsen sind kastrierte Stiere, was einfach bedeutet, dass wir, ehe wir den Tempel fertig stellen und aus der Illusion des Leidens, des Bösen und des Chaos zur Wirklichkeit der Liebe, des Mitgefühls und der Weisheit erwachen können, unsere inneren Vermögen schulen müssen. Sonst rasten wir aus wie der Stier, und die Sinne werden zu unseren Meistern anstatt zu unseren Dienern. Einige Leute leben nur, um zu essen und zu trinken, ihre Bedürfnisse und Leidenschaften zu stillen. Ein solcher Mensch wird in der Bibel als Schlange bezeichnet, die auf dem Bauch kriecht und Erde frisst. Deshalb müssen wir ständig nach Werten suchen, in denen die einzige Wirklichkeit des Göttlichen Plans zu finden ist.

Die drei nach Norden gewandten Ochsen sind Andreas, Petrus und Jakobus, die Wahrnehmung, Gehör und richtiges Urteil verkörpern. Die drei nach Westen gewandten Ochsen sind Johannes, Philipp und Bartholomäus, die Liebe, Gefühl und die geschulte Einbildungskraft ausdrücken. Die drei nach Süden gewandten Ochsen sind Thomas, Matthäus und Jakobus, die darauf verweisen, dass man die Aufmerksamkeit von den negativen auf die positiven Zustände richten und seine Wünsche ebenso akzeptieren soll wie die Fähigkeit, den Schleier der Illusion zu zerreißen. Die drei nach Osten gewandten Ochsen schließlich sind Thaddäus, Simon Petrus und Judas, die den Menschen im Gebet darstellen, wodurch er sich nach innen wendet und das Lied des Triumphs singt, immerzu das Lob Gottes auf den Lippen. Er verweilt in einer mystischen Feier der Freude, des Friedens und des Glücks und ruht sich dann aus. Judas verheißt die völlige Loslösung von all denen, die das Gute verleugnen – das Gute für sich oder für jemand anderen.

Wenn wir am Ende »Judas« oder das Vermögen geschult haben, uns täglich von allen falschen Überzeugungen loszusagen, brauchen wir die anderen Vermögen nicht mehr zu schulen, da Judas der größte Jünger ist, wenn er in die richtigen Bahnen gelenkt wird. Das heißt, wir kehren uns ab von allem, außer von der Kraft Gottes, und leben einfach die ganze Zeit in Seiner Gegenwart. Damit rufen wir Judas zur Jüngerschaft. Sodann offenbaren wir Jesus, unseren Erlöser.

Deshalb muss Judas den Jesus – unser eigenes Bewusstsein – verraten oder »offenbaren«. *Der die Hand mit mir in die Schüssel getaucht hat, der wird mich verraten.* (Matthäus 26,23) Judas berührt nun die Wirklichkeit in der Tiefe seines Wesens, indem er einen neuen Bewusstseinszustand erlangt, und bricht mit all seinen früheren Vorstellungen im Hinblick auf sich selbst. Er hat mit Christus aus der gleichen, umfassenden Schüssel oder im Bewusstseinszustand der Liebe gespeist – im subjektiven Geist, der nichts anderes als den lächelnden und ruhenden Gott vergegenwärtigt. Jesus gibt Judas zu essen, und der nimmt die Speise in sich auf. Zuvor wurde Judas immer als »arm« bezeichnet; jetzt aber hat Jesus ihn mit dem Wissen des Erlösers genährt, und der Zustand des Judas verwandelte sich in den Zustand Jesu – unseren Idealzustand.

... und ihre Hinterteile waren alle nach innen gekehrt. (1. Könige 7,25) Das bedeutet, dass wir im Gebet unsere Vermögen aus der Welt der Sinne zurückziehen und nach innen gehen, um uns dem Einen, Wirklichen, Schönen und Guten zuzuwenden. Anders ausgedrückt: Wir verleugnen, was wir in der äußeren Welt sehen und hören und kehren ins Schweigen zurück, wo Gott wohnt. Einer Legende der Freimaurer zufolge wurde Hiram von Tyrus von drei Raufbolden ermordet, ehe der Tempel beendet und eingeweiht war. Diese drei Raufbolde verkörpern unsere Unwissenheit in Bezug auf die göttliche Wahrheit, unsere falschen Überzeugungen, abergläubischen Vorstellungen und Ängste. Sie sind in uns allen gegenwärtig und machen das Christus-Prinzip immer wieder zunichte. Der Schüler der

Wahrheit wie auch der Mystiker erkennt natürlich, was damit gemeint ist – nämlich dass wir jedes Mal drei Stufen durchlaufen, wenn wir eine überkommene Ansicht hinter uns lassen. Jene drei Stufen sind: die Erkenntnis, dass Hiram der Sitz des Kausalprinzips ist; das neue Ideal oder der geläuterte Wunsch; das Gefühl oder die Überzeugung, jetzt der Mensch zu sein, der man gerne sein möchte.

Das ist die einzige Kreuzigung (Veränderung des Bewusstseins), die stattfindet. Die Kreuzigung ist ein geheimnisvolles Drama und in den Augen des Mystikers eine der schönsten Geschichten, die je erzählt wurde. Für den Schüler der Wahrheit sollte jeder Tag ein Karfreitag sein. Heute weihen die christlichen Kirchen den Karfreitag der Traurigkeit und der Klage. Doch wenn man dessen eigentliche Bedeutung erfasst, sollte und wird er ein Tag der Freude, der Feier und des Glücks sein. Der Grund dafür ist vollkommen klar: Wir erfreuen uns am Guten.

Nun haben wir die Wahrheit ausgesprochen. Die Juden brachten Jesus, den Erlöser, nicht um. Wie hätten sie das tun können? Er ist stets bei uns. Er ist unser Erlöser und unser Heil. Er bewohnt das Herz jedes Menschen. Er wird nur dann von uns getötet, wenn wir nicht scharfsichtig sind und bei der Verwirklichung unserer Wünsche nicht an unserem Glauben festhalten. Dieser Erlöser ist unser eigenes Bewusstsein, das »nie geboren wurde und nie sterben wird«. Während wir unser Bewusstsein ändern, sterben wir ab im alten Zustand und werden wiedergeboren in den neuen Zustand. Das Christus-Prinzip im Menschen aber stirbt niemals. *Wasser durchnässt es nicht, Feuer verbrennt es nicht und der Wind weht es nicht fort. Warum also grämst du dich darüber?*

Jesus steht für vieles, zum Beispiel für Rettung oder für Wunsch: Sie werden gerettet durch Ihre Wünsche, wenn Sie diese akzeptieren. Jesus steht auch für Ihr Bewusstsein, für die Befreiung, die Selbstständigkeit, das befreite Selbst. Damit Sie Ihren Wunsch erkennen können, muss er absterben oder zum Schweigen gebracht werden. Das geschieht, indem Sie nun in jene Gemütsverfassung gelangen, in der Sie ihn vorbehaltlos bejahen. Sinnen Sie über die Freude nach, die Sie empfänden, wenn Ihr Ideal heute verwirklicht würde – und nähren Sie dieses Gefühl, bis es zu einer Überzeugung wird. Ihr Glaube darf keinerlei Einbruch erfahren. Dann folgt die Ruhephase oder der Sabbat des Herrn.

Jetzt verfügen Sie über jenes innere Wissen, das allen Betenden direkt zu verstehen gibt: *Es ist vollbracht.* Der Mensch sucht nicht nach dem, was er hat; sein früherer Zustand ist tot und ein neuer Jesus (der rettende Bewusstseinszustand) ist auferstanden: *Ich bin die Auferstehung und das Leben.* Hierin liegt die wahre Bedeutung der biblischen Geschichte von der Auferstehung. Es ist höchste Zeit, dass die Christen das echte, herrliche Bild Jesu der Welt vor Augen halten. Dann werden alle diesem Bild nacheifern wollen, das Christus (den erwachten Menschen) oder den gesalbten Bewusstseinszustand darstellt. Der Mensch wird Jesus Christus gleichen, dem gütigsten Menschen, der je über die Erde ging, dem edlen, würdevollen Menschen, der die Menschheit liebt, Mitgefühl hat mit allen und sie nährt, dem idealen Menschen, der auf dem Meer wandelt, der seinen Körper nach Belieben an eine andere

Stelle versetzt und sagt: *Vater, vergib ihnen, denn sie wissen nicht, was sie tun.* Das Lob Gottes wird stets auf seinen Lippen sein. Jesus sagte immer wieder: *Ich danke dir, Vater, dass du mich erhört hast.* Er war es, der das saumlose Gewand des Bewusstseins trug, der nur das Beste aß, der die Gedanken der anderen lesen konnte, der ihnen verzieh und sie heilte. Der Mensch, der niemals jemanden verurteilte und sagte: *Du sollst verzeihen sieben Mal siebzig Mal.* Der Mensch, der zum Dieb sprach: *An diesem Tag wirst du mit mir im Paradies sein.* Der Mensch, der nichts von den Gesetzen der Schwerkraft und der Bewegung wusste, sich aber an jeden Ort begeben konnte, an dem er zu sein wünschte. Der Mensch, der durch ein Nadelöhr gehen und sich dann neu beleben konnte, der Wände, vergitterte Türen und Fenster zu durchdringen vermochte, der aus dem Traum des Menschseins erwachte und auf den Wolken zu jener Herrlichkeit empor stieg, die war, ehe die Welt war – zu dem reinen Zustand des ICH BIN.

Daher liegt die höchste mystische Bedeutung der Kreuzigung Jesu in der Transformation und Transmutation des Bewusstseins, wodurch der Mensch hier und jetzt seiner Göttlichkeit gewahr wird und nicht länger um Licht bittet, sondern erkennt: *Ich bin das Licht der Welt.* Dann verwandelt er sich in den strahlenden Glanz des Grenzenlosen Lichts; seine Augen sind Gottes Augen und seine Versöhnlichkeit ist die Versöhnlichkeit des Absoluten, des Einen, *des Gottes Israels, des Gottes Abrahams, Isaaks und Jakobs* – die vollkommene Liebe zu der gesamten Menschheit. Wenn wir in Büchern, auf Kanzeln und in Klassenzimmern die wahre Geschichte von Jesus Christus erzählen und veranschaulichen, ändern wir allmählich das Bewusstsein unserer Nation wie das der ganzen Welt. Wir werden wissend zur leuchtenden Emanation Gottes und beseitigen so die Schranken zwischen Mensch und Mensch. Wir müssen jetzt das wahre Bild Jesu malen – anstelle jenes anderen, das zweitausend Jahre lang von einem kummervollen, am Kreuz blutenden Menschen mit einer Dornenkrone gegeben wurde. Es ist nicht verwunderlich, dass heute kein kleiner Junge mehr Jesus Christus sein möchte, das Opfer. Lieber will er Soldat werden oder Pilot oder Erfinder einer Atombombe, die er über seinem angeblichen »Feind« abwerfen kann. Wissenschaft ohne Christus-Bewusstsein (Gottes Weisheit) hat die Vernichtung der Menschheit zur Folge! Wenn wir jedoch das wahre Bild malen, wird jeder Junge wieder Jesus sein wollen, der Sieger. Er wird das Bedürfnis haben, das Ideal nachzuahmen.

Nun haben wir ein perfektes Vorbild skizziert, das gut und schön ist. Das grundlegende Muster der Welt besteht aus Schönheit, und seine Teile hängen am Ganzen wie Rosen am Stock. Wir alle haben die Pflicht, dafür zu sorgen, dass Hiram den Tempel vollendet; dies bedeutet einen Zustand geistiger, vernunftgemäßer, allgemeiner Befreiung. Wir müssen aufhören, das Schöne für das zu opfern, was wir als weltliche Reichtümer betrachten. So wollen wir anfangen, Aberglauben und Zwietracht gegen einen Barren geistigen Goldes einzutauschen. Indem wir über diese tiefen Wahrheiten nachsinnen, werden wir gewiss Salomos Tempel, der den Einklang von Geist, Körper und äußeren Verhältnissen oder Angelegenheiten darstellt, im Hier und Jetzt erbauen.

Wir haben nach dem »verlorenen Wort« gesucht, ohne zu wissen, dass wir es im eigenen »Futtertrog« finden würden, umgeben von Tieren und gekennzeichnet durch einen lodernden Stern oder brennenden Busch. Der lodernde Stern ist die Sonne oder unser geistiges Bewusstsein namens ICH BIN. Das verlorene Wort lautet ICH BIN; da wir es nun wiederentdeckt haben, können wir die Blinden sehend machen, die Kranken heilen und die Toten auferwecken.

Der vollendete Tempel

Dem 1. Buch der Könige zufolge war Hiram der Sohn einer Witwe. Das heißt, er war gesalbt mit der Weisheit Gottes und verfügte über den nötigen Sachverstand, universale Prinzipien anzuwenden. *Hiram Abiff* bedeutet »Unser Vater Hiram«. Im Grunde aber steht Hiram für das ICH BIN oder unser Bewusstsein, das der Vater aller Dinge ist. Alles in unserer Welt ist die Projektion eines Bewusstseinszustandes. Wenn wir diesen ändern, bekommt zwangsläufig auch das Äußere eine neue Gestalt. Es brauchte sieben Jahre, um den Tempel zu vollenden. Sie müssen sich also täglich von herrschenden Vorschriften und Regeln lossagen und Ihr Bewusstsein ständig erweitern. Jeder negative Gedanke, den Sie hegen, muss absterben, und Sie dürfen nur in der Wahrheit Christi oder der Weisheit Gottes leben. Die Kraft zum Erfolg wohnt jedem Menschen inne.

Nach jedem schöpferischen Prozess (der die genannte Zeitspanne von sieben Jahren umfasst) tritt eine Ruhe- oder Erholungsphase ein. Während wir dann fortfahren, immer höhere Werte im Leben zu schaffen, wandeln wir von einer Herrlichkeit zur nächsten.

Und als das Haus gebaut wurde, waren die Steine bereits ganz zugerichtet, so dass man weder Hammer noch Beil noch irgendein eisernes Werkzeug hörte. (1. Könige 6,7) Wir schaffen ausschließlich im Schweigen – und müssen jene mühelose Lebensweise erlernen, die sich am Grundsatz orientiert: *Sei still und wisse, dass ich Gott bin.* Wenn wir all unsere Wünsche im Bewusstsein akzeptieren, indem wir die Wirklichkeit ihrer Erfüllung tatsächlich fühlen, wird die objektive Manifestation jedes Wunsches im Spiegel des Raumes erscheinen, ohne dass wir dafür Mittel und Wege ersinnen müssten. Universale Prinzipien bringen automatisch jene Methoden zur Anwendung, die zum Ziel führen. Während wir also weiterhin uns selbst formen, indem wir alle falschen Überzeugungen ablehnen – etwa die, dass wir ständig arbeiten müssen, um unseren Lebensunterhalt zu verdienen –, wird schließlich der Augenblick kommen, da der Mensch nur noch zu denken braucht, und jeder Gedanke wird sich vor seinen Augen konkretisieren. Das wird sämtliche Lebensbereiche betreffen – häusliche Verhältnisse, Nahrung, Geld und alles, was materieller Natur ist.

Diese Welt sollte für den Menschen sowohl eine Spielwiese als auch eine Schule sein, in der er lernt, die Herrlichkeit Gottes in Stein zu hauen, auf Leinwand zu malen, in Rede, Schrift, Musik zu bannen und durch den Körper auszudrücken. Seine erste wirkliche Arbeit hat den Zweck, über die Geheimnisse des Lebens nachzusinnen, denn darin sind die ewigen Werte verborgen. In dem Maße, wie wir das Leben begreifen, kann das Universum jene Spielwiese sein, auf der wir es zutiefst auskosten. Wir sind dazu bestimmt, glücklich zu sein. Alle sehnen sich nach vollkommenem Frieden und Glück. *Wir können nicht auf mehr hoffen, noch brauchen wir um weniger zu bitten.* Unser Glück hängt von uns selbst und nicht von anderen ab.

Wir müssen lernen, das Wetter nach unserem Willen zu beeinflussen, so dass jeweils die von uns gewünschte Jahreszeit herrscht. Alles muss wie von selbst geschehen, quasi ohne das Geräusch der Hämmer und die Stimmen der Arbeiter. König Salomos Tempel offenbart, dass jeder Mensch König aus eigenem Recht ist. Salomo verkörpert das Bewusstsein oder Vater, Sohn und Heiligen Geist – die Vorstellung und das Gefühl, all das zu sein. Daher ist jeder Mensch ein König oder Herr über seine Vorstellungen, Gefühle und Handlungen, und er kann den nicht von Hand geschaffenen Tempel nur im Schweigen errichten, ewig im Einklang mit dem Unendlichen.

Drei Männer überwachen den Bau des Tempels: Salomo (Gott oder Bewusstsein), Hiram von Tyrus (Denken, gottähnliche Ideen und Vorstellungen) sowie Hiram Abiff (Unterbewusstsein). Daran ist nichts geheimnisvoll. Die einfachste Erklärung lautet: Der Vater oder das Unbedingte Bewusstsein bringt den Samen oder die Idee hervor, und die empfindende Natur des Menschen oder die empfängliche Einstellung seines Geistes nimmt diese Idee durch das Gefühl auf. Was eingeprägt wird, muss ausgedrückt werden. Die mehreren Tausend Arbeiter, die das Bauwerk errichten, versinnbildlichen unsere Vorstellungen, Gemütsverfassungen, Überzeugungen und Ansichten in Bezug auf

Menschen und Dinge. Die Meister, die den Arbeitern befehlen, sind unsere vorherrschenden Stimmungen, denen wir uns hingeben. Da Stimmungen schöpferische Kraft haben, müssen wir sie genau im Auge behalten, denn sie können zu Feinden im eigenen Haus werden. Jeder Mensch ist ein Spiegel der Stimmung, die er nährt.

Die ganze Bewegung des Universums ist auf die Wahrheit gerichtet. Es ist der Schöpfer, der den Raum durchquert und, aus Freude am Ausdruck seiner selbst, sich unaufhörlich verkörpert. Jeder Mensch ist dieses göttliche Wesen, aber er glaubt nicht daran. Der heilige Ort des Menschen liegt in seinem Bewusstsein, wo er über Ideen meditiert, und das größte Heiligtum überhaupt befindet sich in seinem Unterbewusstsein oder subjektiven Geist, der Gottes Schoß ist, oder Isis, die Göttin der zehntausend Namen, oder Eva, die Mutter alles Lebendigen. Durch unsere fühlende Natur weihen wir uns zu Gott.

Der Mensch muss schweigsam über die Erde gehen und dabei über die ewigen Wahrheiten nachsinnen; dann wandelt er auf dem Meer; er beschreitet die Ufer der Wirklichkeit, und alle, die zu ihm kommen, sagen mit hörbarer oder leiser Stimme: »Da geht ein heiliger Mensch.« In diesem Augenblick denken sie, ihn betrachtend, an Gott und werden gesegnet, weil sie die Gegenwart Gottes – des Gottes von Abraham, Isaak und Jakob – fühlen.

Beim Bau des Tempels für den Lebendigen Gott werden die Zedern des Libanon verwendet; diese repräsentieren Weisheit, Verständnis und Reichtum. Die Zedern formen das Kreuz Christi, wobei der senkrechte Balken das Bewusstsein oder ICH BIN darstellt. Unser fester Glaube wiederum bildet den waagrechten Balken. Es gibt kein anderes Kreuz, es gab nie ein anderes und wird nie ein anderes geben. Der Mensch ist das Kreuz, und es gibt nur den Menschen. Das Kreuz ist Gott, der sich vorstellt, Mensch zu sein.

So wollen wir zu unserem eigenen Wohl am Kreuz sterben, uns an der Seite von der Lanze durchbohren lassen, damit wir als neue Wesen auferstehen; dann werden wir erleuchtet und aus dem Zustand Jesu auf die Christus-Ebene des reinen Gottseins erhöht. Blut und Wasser traten aus Seiner Seite. Blut und Wasser fließen nicht aus einem Toten. Das ist eine wunderbare Wahrheit, die mystisch gedeutet werden muss, nicht anders. Blut und Wasser fließen bei der Geburt; demnach symbolisiert sie die Geburt des Christus-Bewusstseins. Während diese Einsicht sich vertieft, bekräftigen wir: »Gesegnet sei der Name des Herrn« oder »Gesegnet seien Seine Engel.« Die Engel und die Heiligen sind göttliche Vorstellungen, die wir ausstrahlen – jene subtile Aura der Liebe gegenüber allen Menschen, den Erweiterungen unserer selbst und Funktionszentren des Bewusstseins. Wir erkennen, dass alle Menschen Heilige sind, weil sie als Kanäle dienen, durch welche der Heilige Eine von Israel spricht, ein und aus geht. Außerdem sagen wir mit erhobener Stimme: »Gesegnet sei der Name Marias, Jungfrau der Mütter.« Nun haben wir durch wahres Gebet Maria oder den subjektiven Geist geläutert und alle falschen Überzeugungen wie abergläubischen Vorstellungen verbannt. Nun bringen wir den Gesegneten hervor, den geliebten Gottessohn, das Christus-Bewusstsein. Unsere Welt ist der Himmel, und wir wohnen darin.

Besinnen wir uns zum Ausklang dieses Kapitels auf die folgende tiefe Wahrheit: *Meine Lieben, wir sind nun Gottes Kinder; und es ist noch nicht erschienen, was wir sein werden. Wir wissen aber, wenn es erscheinen wird, dass wir ihm gleich sein werden; denn wir werden sehen, wie er ist.* (1. Johannes 3,2)

VIERTES KAPITEL

Meditationen

Auf den folgenden Seiten finden Sie Texte als Grundlage für Ihre Meditation. Zu Beginn Ihrer Meditation ist es hilfreich, wenn Sie sich den ausgewählten Text selbst laut vorlesen. Sie brauchen nicht über den Text nachzudenken. Es genügt, wenn Sie ihn oft genug lesen, bis er in Ihrem Unterbewusstsein verankert ist. Wählen Sie den Text aus, der Ihren Lebensproblemen hilft. Entspannen Sie sich mit den im ersten Kapitel beschriebenen Übungen, und lassen Sie den Text durch sich wirken.

Wie man das heilende Prinzip anwendet

Ich werde deine Gesundheit wiederherstellen und dich von deinen Wunden heilen, sagt der Herr.

Der Gott in mir verfügt über unbegrenzte Möglichkeiten. Ich weiß, dass mit Ihm alles möglich ist. Ich glaube und bejahe dies jetzt aus ganzem Herzen. Ich weiß, dass Gottes Kraft in meinem Innern das Dunkle hell und das Krumme gerade macht. Ich gelange jetzt auf eine höhere Bewusstseinsstufe, indem ich darüber nachsinne, dass Gott mir innewohnt.

Ich spreche jetzt den Satz für die Heilung von Geist, Körper und persönlichen Angelegenheiten – wissend, dass dieses Prinzip in mir auf meinen Glauben und mein Vertrauen reagiert: *Der Vater verrichtet die Werke.* Ich bin jetzt in Kontakt mit dem Leben, der Liebe, der Wahrheit und Schönheit in mir. Ich bringe mich jetzt in Übereinstimmung mit dem Unendlichen Prinzip der Liebe und des Lebens in meinem Innern. Ich weiß, dass Harmonie, Gesundheit und Frieden jetzt in meinem Körper zum Ausdruck kommen.

Während ich lebe, mich bewege und handle in der Annahme, dass meine Gesundheit völlig intakt ist, wird daraus eine Tatsache. Ich stelle mir jetzt meinen heilen Körper vor und empfinde dessen Wirklichkeit. Ich bin erfüllt vom Gefühl der Ruhe und des Wohlbefindens. Ich danke dir, Vater.

Gebet für Gesundheit

Jesus sagte: *Dein Glaube hat dich geheilt.*

Ich glaube unumstößlich an die Heilkraft Gottes in mir. Mein Bewusstsein und mein Unterbewusstsein sind vollkommen in Einklang. Ich akzeptiere die wahre Aussage, die ich ausdrücklich bekräftige. Die Worte, die ich ausspreche, sind Worte des Geistes und bezeugen die Wahrheit.

Ich verfüge nun, dass die Heilkraft Gottes meinen gesamten Körper umwandelt, mich ganz, rein und vollkommen macht. Ich bin tief davon überzeugt, dass mein gläubiges Gebet nun konkrete Wirkungen hat. Ich werde in allen Angelegenheiten geleitet durch die Weisheit Gottes. Seine Liebe strömt in ätherischer Schönheit und Anmut in Geist und Körper, verändert, heilt und stärkt jede Faser meines Seins. Ich fühle einen Frieden, der jedes Verstehen übersteigt. Gottes Herrlichkeit umgibt mich, und ich ruhe für immer in Seinen Ewigen Armen.

Seine Kleidung tragen

Ich habe Gott im Heiligtum meiner eigenen Seele gefunden. Gott ist Leben; dieses Leben ist mein Leben. Ich weiß, dass Gott keine körperliche Gestalt hat, dass Er form-, zeit- und alterslos ist. Ich schaue Gott mit meinem geistigen Auge. Durch Verstehen sehe ich Gott in der gleichen Weise, wie ich die Lösung für ein mathematisches Problem sehe.

Ich steige nun auf im Bewusstsein und werde mir des Friedens, der Ausgeglichenheit und der Kraft gewahr. Dieses Gefühl von Freude, Ruhe und Wohlwollen ist eigentlich der Geist Gottes, der sich in mir bewegt. Es ist der tätige Gott, die Allmacht. In äußeren Dingen gibt es keine Kraft, die mich verletzen könnte; die einzige Kraft wohnt meinem Geist und meinem Bewusstsein inne.

Mein Körper ist die Kleidung Gottes. Der Lebendige Allmächtige Geist ist in mir – absolut rein, heilig und vollkommen. Ich weiß, dass dieser Heilige Geist Gott ist und dass Er jetzt durch mich strömt, mich heilt und meinen Körper ganz, makellos und vollkommen macht. Ich besitze uneingeschränkte Macht über meinen Körper und meine Welt.

Meine von Frieden, Kraft und Gesundheit erfüllten Gedanken werden mir jetzt bewusst durch Gottes Kraft, die in ihnen wirksam ist. *Gesegnet sind, die ein reines Herz haben; denn sie werden Gott sehen.* Ich habe Seine Heilige Gegenwart gesehen und gefühlt. Das ist wunderbar!

Der ruhige Geist

Gott weilt in der Mitte meines Wesens. Er ist Frieden, und dieser Frieden umschließt mich nun mit seinen Armen. Ihm liegt ein tiefes Gefühl von Sicherheit, Lebenskraft und Stärke zugrunde. Der innere Frieden, in dem ich jetzt verankert bin, ist die Stille Brütende Gegenwart Gottes. Seine Liebe und Sein Licht wachen über mich wie eine liebevolle Mutter über das schlafende Kind wacht. Tief in meinem Herzen regt sich die Heilige Gegenwart, die mein Frieden, meine Stärke und meine Vorratsquelle ist.

Alle Ängste sind verschwunden. Ich sehe Gott in jedem Menschen, in jeder Sache. Ich bin ein Instrument der Göttlichen Gegenwart. Ich lasse jetzt diesen inneren Frieden durch mein ganzes Wesen strömen, und so löst er alle Probleme auf; das ist der Frieden, der jedes Verstehen übersteigt.

Geistige Ausgeglichenheit

Wohin soll ich von deinem Geist her gehen? Oder wohin soll ich vor deiner Gegenwart fliehen? Wenn ich aufsteige zum Himmel, bist du da; wenn ich mein Bett in der Hölle richte, siehe, so bist du auch da. Wenn ich die Flügel des Morgens anlege und an den äußersten Enden des Meeres weile, wird noch dort deine Hand mich führen und deine rechte Hand mich halten.

Ich bin nun erfüllt von Göttlicher Begeisterung, denn ich befinde mich in der Gegenwart der Allmacht, der Weisheit, der Erhabenheit und der Liebe.

Gottes Licht erleuchtet meinen Verstand; mein Geist ist völlig im Gleichgewicht. Ich bin im idealen Einklang mit meinen Gedanken und mit allen Dingen ringsum. Ich genieße meine Arbeit; sie gewährt mir Freude und Glück. Ich schöpfe ständig aus meiner Göttlichen Quelle, denn sie ist die einzige Gegenwart und meine einzige Kraft. Mein Geist ist Gottes Geist. Ich lebe in Frieden.

Der Frieden Gottes

In meiner Welt ist alles Frieden und Harmonie, denn Gott in mir ist der *Herr des Friedens*. Ich bin das Bewusstsein des tätigen Gottes und daher immer im Zustand des Friedens. Mein Geist ist ausgeglichen, ruhig und gelassen. In dieser Atmosphäre des Friedens und des Wohlwollens, die mich umgibt, fühle ich in der Tiefe eine große Kraft und Freiheit von jeder Angst. Ich spüre und fühle jetzt die Liebe und die Schönheit Seiner Heiligen Gegenwart. Tag für Tag werde ich mir der Liebe Gottes noch mehr bewusst; alles Falsche fällt von mir ab. Ich sehe Gott in allen Menschen verkörpert. Ich weiß, dass sämtliche Probleme gelöst werden, wenn ich diesen inneren Frieden durch mein ganzes Wesen strömen lasse. Ich wohne in Gott; daher ruhe ich in den ewigen Armen des Friedens. Mein Leben ist Gottes Leben. Mein Frieden ist der tiefe, unveränderliche Frieden Gottes. *Es ist der Frieden Gottes, der alles Verstehen übersteigt.*

Gottes Geschenk

Ein frohes Herz wirkt eine heitere Miene. Der Geist des Allmächtigen durchdringt jedes Atom meines Seins, macht mich ganz, glücklich und vollkommen. Ich weiß, dass all meine Körperfunktionen auf diese in mir aufwallende Freude reagieren. Ich mache mir jetzt Gottes Geschenk im Innern bewusst und fühle mich wunderbar. Das Öl der Wonne und der Erleuchtung salbt meinen Verstand und wird zu einer Lampe an meinen Füßen.

Ich bin jetzt emotional völlig im Lot; ein Göttliches Gleichgewicht beherrscht meinen Geist, meinen Körper und meine Angelegenheiten. Von diesem Augenblick an beschließe ich, gegenüber jedem Menschen, den ich treffe, Frieden und Glück zum Ausdruck zu bringen. Ich weiß, dass mein Frieden und mein Glück von Gott kommen. Während ich Sein Licht, Seine Liebe und Seine Wahrheit an andere ausstrahle, segne und heile ich auch mich auf vielfältige Weise. Ich überbringe der ganzen Menschheit den Sonnenschein der Liebe Gottes. Sein Licht scheint durch mich und beleuchtet meinen Weg. Ich bin entschlossen, Frieden, Freude und Glück in Worten und Gesten deutlich zu zeigen.

Die eigenen Gefühle beherrschen

Wenn mir ein negativer Gedanke kommt, der von Angst, Neid oder Groll geprägt ist, ersetze ich ihn durch den Gedanken an Gott. Meine Gedanken sind Gottes Gedanken, und Seine Kraft erfüllt meine Gedanken an das Gute. Ich weiß, dass ich mein Denken und Fühlen völlig im Griff habe. Ich bin ein Kanal für das Göttliche. Ich richte jetzt all meine Gefühle und Empfindungen neu aus, so dass sie ebenso harmonisch wie konstruktiv sind. *Die Söhne Gottes jauchzten vor Freude.* Beglückt nehme ich jetzt Gottes Ideen – Frieden, Einklang und Wohlwollen – in mich auf, beglückt verleihe ich ihnen Ausdruck. Dadurch wird jede Dissonanz in mir aufgelöst. Nur Gottes Ideen kommen mir zu Bewusstsein, bescheren mir Harmonie, Gesundheit und Frieden.

Gott ist Liebe. Die vollkommene Liebe vertreibt die Angst, den Groll, ja alle unangenehmen Gemütsverfassungen. Ich verliebe mich jetzt in die Wahrheit. Ich wünsche allen Menschen, was ich auch mir wünsche. Ich strahle ihnen gegenüber Liebe, Ruhe und Wohlwollen aus. Ich bin völlig im Gleichgewicht.

Die Angst überwinden

Es gibt keine Angst, *denn vollkommene Liebe vertreibt die Angst.* Heute lasse ich zu, dass die Liebe einen Zustand unerschütterlicher Harmonie und Ruhe zwischen mir und sämtlichen Aspekten meiner Welt bewahrt. Meine Gedanken sind liebevoll, freundlich und ohne Missklang. Ich fühle meine Einheit mit Gott, denn *in Ihm lebe und bewege ich mich, habe ich mein Sein.*

Ich weiß, dass alle meine Wünsche gemäß der ewigen Ordnung der Dinge erfüllt werden. Ich vertraue darauf, dass das im Innern wirksame Göttliche Gesetz meine Ideale in die Wirklichkeit überträgt. *Der Vater verrichtet die Werke.* Ich bin göttlich, geistig, frohgemut und ohne jede Furcht. Jetzt umgibt mich der absolute Frieden Gottes; es ist dieser Frieden, der jedes Verstehen übersteigt. Ich richte nun meine ganze Aufmerksamkeit auf das, was ich mir wünsche. Ich liebe diesen Wunsch und konzentriere mich ausschließlich auf ihn.

Meine Stimmung wird gehoben, ich empfinde Zuversicht und Gelassenheit; das ist der Geist Gottes, der sich in mir bewegt. Er schenkt mir ein Gefühl von Frieden, Sicherheit und Ruhe. Wahrlich: *Vollkommene Liebe vertreibt die Angst.*

Der heilige Tempel

Die in das Haus des Herrn gepflanzt sind, werden blühen in den Höfen unseres Gottes.

Ich bin ruhig und friedlich. Mein Herz und mein Denken werden angeregt durch den Geist der Güte, der Wahrheit und der Schönheit. Ich besinne mich nun auf die innere Gegenwart Gottes; das besänftigt mich umso mehr.

Ich weiß, dass die Schöpfung aus dem Geist hervorgeht, der um sich selbst kreist. Auch mein wahres Ich kreist jetzt um sich selbst und erzeugt dabei Frieden, Harmonie, Gesundheit – in meinem Körper wie in meinen äußeren Angelegenheiten. In meinem tiefen Selbst bin ich göttlich. Ich zweifle nicht daran, ein Sohn/eine Tochter des Lebendigen Gottes zu sein. Ich schaffe auf die gleiche Weise wie Gott, nämlich durch die Selbstbetrachtung des Geistes. Mir ist bewusst, dass sich mein Körper nicht von allein bewegt; er wird gelenkt durch meine Gedanken und Gefühle, die auf ihn einwirken.

Jetzt sage ich zu meinem Körper: »Sei ruhig und still.« Ich muss gehorchen. Das verstehe ich, wissend, dass es ein Göttliches Gesetz ist. Ich wende meine Gedanken ab von der körperlichen Welt und feiere im Haus Gottes, das mein Inneres ausfüllt. Ich meditiere und ergötze mich an Harmonie, Gesundheit und Frieden; diese entströmen dem Göttlichen Wesen in mir. Ich bin völlig im Gleichgewicht. Mein Körper ist ein Tempel des Lebendigen Gottes. *Gott ist in seinem heiligen Tempel; soll die ganze Erde vor ihm schweigen.*

Gott ist das Ewige Jetzt

(Das Unterbewusstsein nutzen)

Ich weiß, dass dieser Augenblick mein höchstes Gut ist. Tief in meinem Herzen hege ich die Überzeugung, dass ich mir selbst Harmonie, Gesundheit, Ruhe und Freude voraussagen kann. Ich verankere nun die Vorstellungen von Frieden, Erfolg und Wohlstand in meinem Denken. Ich weiß und glaube, dass diese Vorstellungen (Samen) sich entwickeln und dann in meiner Erfahrung konkrete Gestalt annehmen werden.

Ich bin der Gärtner; was ich säe, werde ich ernten. Also säe ich gottähnliche Gedanken; diese wunderbaren Samen sind Frieden, Erfolg, Harmonie und Wohlwollen. Sie bringen mir eine reiche Ernte ein.

Von nun an speichere ich in meinem Unterbewusstsein geistige Samen oder Gedanken, die von Frieden, Zuversicht und Ausgeglichenheit zeugen. Aus diesen gewinne ich meine herrlichen Früchte. Ich glaube und akzeptiere, dass auch meine Wünsche Samen sind, die ins Unterbewusstsein gesetzt werden. Ich verwirkliche sie, indem ich ihre Wirklichkeit deutlich fühle. Ich bejahe die Wirklichkeit meines jeweiligen Wunsches in der gleichen Weise, wie ich die Tatsache bejahe, dass der in den Boden gesäte Samen keimen wird. Ich weiß, dass er sich entfaltet im Dunkel der Erde wie mein Wunsch oder mein Ideal im Dunkel des Unterbewusstseins. Nach einer Weile werden der Wunsch oder das Ideal ähnlich dem Samen zum Vorschein kommen (objektiviert werden) als Bedingung, Umstand oder Ereignis.

Die Unendliche Intelligenz beherrscht und leitet mich auf all meinen Wegen. Ich meditiere über all das, was wahr, aufrichtig, gerecht, liebenswert und angesehen ist. Darauf besinne ich mich, und Gottes Kraft durchdringt meine Gedanken an das Gute. Ich lebe in Frieden.

Du sollst glücklich deinen Weg gehen, dann wirst du reichlich gesegnet.

Ich präge nun meinem tieferen Bewusstsein, welches das Gesetz ist, das Muster von Erfolg und Wohlstand ein. Diese innere Stimme lenkt und regelt all meine Tätigkeiten. Ich bin eins mit der Überfülle Gottes. Ich weiß und glaube, dass es neue und bessere Methoden gibt, meine Aufgaben zu erledigen; die Unendliche Intelligenz enthüllt sie mir.

Ich gewinne an Verständnis und Weisheit dazu. Mein Werk ist Gottes Werk. Ich werde in jeder Hinsicht durch Göttlichen Eingriff begünstigt. Die Göttliche Weisheit in meinem Innern zeigt mir die Mittel und Wege, dank deren meine Angelegenheiten sofort in Ordnung gebracht werden.

Die Worte »Glauben« und »Überzeugung«, die ich jetzt ausspreche, öffnen alle wichtigen Türen zu meinem Erfolg und Wohlstand. Ich erkenne: *Der Herr* (das Gesetz) *vervollkommnet, was mich angeht.* Meine Füße werden auf dem richtigen Weg bleiben, denn ich bin ein Sohn/eine Tochter des Lebendigen Gottes.

Wie man den Reichtum des Lebens erkennt

Ich weiß, *gedeihen* bedeutet, sich in jeder Hinsicht geistig weiterentwickeln. Gott lässt mich jetzt geistig, körperlich und auch in meinen äußeren Angelegenheiten gedeihen. Seine Ideen entfalten sich innerlich ohne Unterlass und schenken mir Gesundheit, Fülle und vollkommenen Ausdruck meiner selbst.

Ich fühle eine freudige Erregung, während Gottes Leben jedes Atom meines Seins mit Kraft erfüllt. Ich weiß, dass Er mich jetzt belebt, stärkt und unterstützt. Und so ist mein Körper, durchdrungen von Göttlicher Energie, nun vollkommen und strahlend.

Meine Arbeit ist eine Göttliche Tätigkeit, und deshalb eignen ihr Erfolg und Glück. Ich stelle mir vor und fühle, dass in meinem Körper, meinem Geist und in meinen beruflichen Unternehmungen das Prinzip innerer Ganzheit wirksam ist. Ich danke dafür und erfreue mich am Reichtum des Lebens.

Das Gebet des Glaubens

Der Kranke soll das Gebet des Glaubens sprechen, dann wird Gott ihn aufrichten.

Ich weiß: Heute wird mein Gebet oder meine Bekräftigung der Wahrheit über jedwede Verneinung im Gestern triumphieren. Unentwegt bewahre ich die Freude darüber, dass mein Gebet beantwortet wird. Den ganzen Tag über gehe ich im Licht.

Heute ist Gottes Tag; ein herrlicher Tag für mich, da er erfüllt ist von Frieden, Harmonie und Freude. Mein Glaube an das Gute ist mir ins Herz geschrieben, und ich fühle ihn überall im Innern. Ich bin absolut überzeugt, dass es eine Gegenwart und ein vollkommenes Gesetz gibt, die den Eindruck meines Wunsches jetzt empfangen und dann mit unwiderstehlicher Macht jene wohltuenden Dinge in meinen Erfahrungsbereich lenken, die mein Herz begehrt. Ich setze nun mein ganzes Vertrauen, meine unerschütterliche Hoffnung auf die Gegenwart und Kraft Gottes in meinem Innern. So lebe ich in Frieden.

Ich weiß, ich bin ein Gast des Unendlichen; Gott ist mein Gastgeber. Ich höre die Einladung des Heiligen Einen, der sagt: *Kommet alle zu mir, die ihr hart arbeitet, und ich werde euch Ruhe schenken.* Ich ruhe in Gott; alles ist gut.

Leben in Hülle und Fülle

Sieh die Lilien auf dem Felde; sie mühen sich nicht ab, noch drehen sie sich im Kreise; doch Salomo in all seiner Pracht war nicht geschmückt wie eine von diesen.

Ich weiß, dass Gott mich in jeder Weise begünstigt. Ich führe nun ein Leben in Hülle und Fülle, weil ich an einen Gott des Überflusses glaube. Ich bin mit allem versorgt, was zu meiner Schönheit, meinem Wohlbefinden, Fortschritt und Frieden beiträgt. Täglich empfange ich die Früchte des Göttlichen Geistes im Innern; ich akzeptiere jetzt das mir zustehende Gute und gehe im Licht der Erkenntnis, dass alles Gute mir gehört. Ich bin ruhig, entspannt, ausgeglichen, gelassen – und eins mit der Quelle des Lebens; meine Bedürfnisse werden jederzeit und überall gestillt. Ich bringe nun *all die leeren Gefäße* dem inneren Vater dar. Die Fülle Gottes wird in jedem Bereich meines Lebens bestätigt. *Alles, was der Vater besitzt, ist mein.* Es beglückt mich, dass dem so ist.

Die Einbildungskraft – Gottes Werkstatt

»Wo die Vision erlischt, stirbt das Volk.« (Ralph Waldo Emerson) Meine Vision besteht darin, mehr über Gott und Seine Werke zu erfahren; sie zielt auf vollkommene Gesundheit, Harmonie und Frieden; sie gründet auf dem Vertrauen, dass der Unendliche Geist mich jetzt auf allen Wegen leitet und lenkt. Ich weiß und glaube, dass die mir innewohnende Kraft Gottes mein Gebet beantwortet; das ist meine tiefe Überzeugung.

Ich weiß, dass die Vorstellung, der ich treu bleibe, in meinem Unterbewusstsein immer weiter entwickelt wird, bis sie schließlich im Spiegel des Raumes zum Ausdruck kommt.

Ich mache es mir zur täglichen Gewohnheit, um meiner selbst und der anderen willen nur edle, wunderbare und gottähnliche Vorstellungen zu hegen. Jetzt male ich mir aus, genau das zu tun, wonach ich mich sehne; jene Dinge zu besitzen, die ich mir wünsche; der Mensch zu sein, der ich gerne sein möchte. Um diese Vorstellungen zu verwirklichen, fühle ich ihre Wirklichkeit. Ich weiß, dass dies richtig ist. Hab Dank, Vater.

Was Gott für mich im Sinn hat

Gott öffnet für mich die Fenster des Himmels und spendet mir einen Segen.

Gottes Wille muss Ihm entsprechen, denn so ist Seine Natur. Daher kann Gott für mich nur Gesundheit, Gutes, Harmonie und Fülle im Sinn haben.

Wenn ihr in mir lebt und meine Worte in euch leben, so erbittet, was ihr wünscht, und es wird euch gegeben.

Ich werde nun von der Wahrheit erleuchtet; jeden Tag gewinne ich an Verständnis und Weisheit dazu. Ich bin ein vollkommener Kanal für Gottes Werke, frei von jeder Sorge und Verwirrung. Die Unendliche Intelligenz in meinem Innern ist zugleich eine Lampe an meinen Füßen. Ich weiß, dass sie mich dazu führt, das Richtige zu tun; denn Gott ist in all meinen Angelegenheiten tätig.

Ich glaube an mein Ideal und akzeptiere es. Ich weiß, dass es in der Unendlichkeit existiert. Indem ich es geistig völlig bejahe, verleihe ich ihm Form und Ausdruck. Nun fühle ich die Wirklichkeit des erfüllten Wunsches. Der Frieden Gottes erfüllt meinen Geist und meine Seele.

Im Schweigen wohnen

Jesus sagte: *Gott ist Geist; und die ihn anbeten, müssen ihn im Geist anbeten und in der Wahrheit.*

Ich erkenne jetzt, dass Gott Geist ist, der sich in mir regt; dass Er ein Gefühl oder eine tiefe Ahnung von Harmonie, Gesundheit und Frieden in meinem Innern und die Bewegung meines eigenen Herzens ist. Der Geist von Zuversicht und Glauben, der mich nun beherrscht, ist Gottes Geist und Gottes Tätigkeit auf den Wassern meines Geistes. Das ist Gott: die Schöpferische Macht in mir. Ich lebe, wirke und habe mein Sein im Glauben sowie im Vertrauen, dass das Gute, die Wahrheit und die Schönheit mir mein Leben lang folgen werden; dieser Glaube an Gott und alles Gute ist allmächtig und beseitigt sämtliche Schranken.

Ich schließe jetzt die Türen der Sinne, entziehe der Welt meine Aufmerksamkeit und wende mich nach innen, dem Einen, Schönen und Guten zu. Hier wohne ich bei meinem Vater jenseits von Raum und Zeit; hier lebe, wirke und weile ich im Schatten des Allmächtigen. Ich bin frei von jeder Angst, vom Urteil der anderen und dem äußeren Schein der Dinge. Nun fühle ich Seine Gegenwart – es ist das Gefühl, dass mein Gebet beantwortet oder dass mir das Gute zuteil wird.

Ich werde zu dem, worüber ich nachsinne. Jetzt merke ich, dass ich so bin, wie ich gerne sein möchte; diese Empfindung oder diese Bewusstheit geht zurück auf die Tätigkeit Gottes in mir, ist das Zeugnis der Schöpferischen Macht. Ich bedanke mich für die Freude am beantworteten Gebet und ruhe ebenso im Schweigen wie in der Gewissheit: *Es ist vollbracht.*

Sein, tun und haben

In der Mitte meines Wesens herrscht Frieden; es ist der Frieden Gottes. In dieser Stille fühle ich Kraft, Unterstützung und die Liebe Seiner Heiligen Gegenwart. Ich bin auf Göttliche Weise aktiv und bekunde die Fülle Gottes in jedem Bereich. Ich bin ein Kanal für das Göttliche und setze nun jene Herrlichkeit frei, die in mir eingeschlossen war. Ich werde durch Gott zum wahren Ausdruck meiner selbst geführt und wunderbar belohnt. Ich sehe Gott überall verkörpert, in jeder Person und Sache. Ich weiß, dass all meine Probleme gelöst werden, wenn ich diesen Fluss des Friedens durch mich strömen lasse. Was immer ich benötige, um mich auf der hiesigen Daseinsebene voll entfalten zu können, ziehe ich entsprechend dem Universalen Gesetz der Anziehung unwiderstehlich an. Der Weg wird mir offenbart; und so bin ich voller Freude und Harmonie.

Zu Liebe, zwischenmenschlichen Beziehungen und Persönlichkeitsentfaltung

Gottes Sendestation

Ihr alle seid Brüder, denn Einer ist euer Vater.

Ich bringe in jeder Situation wie in all meinen persönlichen Beziehungen Harmonie, Frieden und Freude zum Ausdruck. Ich weiß, glaube und fordere, dass Gottes Frieden Geist und Herz jedes Menschen in meiner häuslichen und beruflichen Umgebung beherrscht. Ganz gleich, welches Problem auftaucht – ich bewahre meine Ruhe, Ausgeglichenheit, Geduld und Weisheit. Ich verzeihe den anderen freiwillig und bedingungslos, ungeachtet dessen, was sie gesagt oder getan haben. Indem ich meine Bürden dem Göttlichen Selbst im Innern überlasse, befreie ich mich; das ist ein wunderbares Gefühl. Ich weiß, dass mir durch eine versöhnliche Einstellung vielerlei Wohltaten zuteil werden.

Hinter jeder Schwierigkeit sehe ich den Engel Gottes. Mir ist bewusst, dass es immer eine Lösung gibt und dass alles gemäß Göttlicher Ordnung geregelt wird. Ich vertraue also stillschweigend der Gegenwart Gottes; sie kennt die Mittel und Wege, die zum krönenden Abschluss führen. Die Absolute Ordnung des Himmels und Seine Absolute Weisheit kommen jetzt und jederzeit durch mich zur Wirkung. Ich weiß, dass die Ordnung das erste Gesetz des Himmels bildet.

Nun besinne ich mich freudig und erwartungsvoll auf diese vollkommene Harmonie, ohne je daran zu zweifeln, dass sich die beste Lösung zwangsläufig ergeben wird. Meine Antwort ist Gottes Antwort und daher selbst göttlich – denn sie gleicht der Melodie, die aus Gottes Sendestation kommt.

Geistige Wiedergeburt

Heute erlebe ich eine geistige Wiedergeburt! Ich löse mich völlig von der alten Denkweise und bringe in meine Erfahrung unwiderruflich Gottes Liebe, Licht und Wahrheit ein. Bewusst empfinde ich Liebe zu jedem Menschen, dem ich begegne. Innerlich sage ich dann: »Ich sehe in dir Gott und weiß, dass auch du in mir Gott siehst.« Ich erkenne Gottes Qualitäten in allen Personen an. Diese Haltung praktiziere ich morgens, mittags und abends; sie ist ein lebendiger Teil meiner selbst.

Ich werde jetzt geistig wiedergeboren, weil ich mich den ganzen Tag auf die Gegenwart Gottes besinne. Egal, was ich gerade mache – ob ich die Straße entlanggehe, einkaufe oder meine tägliche Arbeit erledige –, sobald meine Gedanken abschweifen von Gott oder dem Guten, lenke ich sie zurück auf die stille Betrachtung Seiner Heiligen Gegenwart. Ich fühle mich würdig und göttlich, schreite in Hochstimmung durchs Leben und ahne mein Einssein mit Gott. Sein Frieden erfüllt meine Seele.

Liebe befreit

Gott ist Liebe und Gott ist Leben; dieses Leben ist unteilbar, eins. Es bekundet sich in allen und durch alle Menschen und bildet die Mitte meines eigenen Wesens.

Ich weiß, dass Licht die Dunkelheit vertreibt; so bezwingt auch die Liebe zum Guten alles Böse. Mein Wissen um die Macht der Liebe überwindet jetzt alle negativen Zustände. Liebe und Hass schließen einander aus. Ich richte nun das Licht Gottes auf all meine ängstlichen oder sorgenvollen Gedanken, woraufhin sie verschwinden. Die Morgendämmerung (das Licht der Wahrheit) erscheint und die Schatten (Angst und Zweifel) verflüchtigen sich.

Ich weiß, dass die Göttliche Liebe mich beschützt, leitet und mir den Weg ebnet. Ich dehne mich aus ins Göttliche. Nun bringe ich Gott in meinen Gedanken, Worten und Handlungen zum Ausdruck. Gottes Wesen ist Liebe. Es besteht kein Zweifel: *Vollkommene Liebe vertreibt die Angst.*

Der geheime Ort

Wer unter dem Schirm des Höchsten sitzt und unter dem Schatten des Allmächtigen bleibt …

Ich weile an jenem geheimen Ort des Höchsten, der in meinem eigenen Geist liegt. Alle Vorstellungen, die ich hege, orientieren sich an Harmonie, Frieden und Wohlwollen. Mein Geist ist der Wohnsitz der Freude, des Glücks und eines tiefen Gefühls von Sicherheit. Alle Gedanken, die mir kommen, tragen zu meiner Fröhlichkeit, meiner Ruhe und meinem allgemeinen Wohlbefinden bei. Ich lebe, bewege mich und habe mein Sein in jener Atmosphäre, die von gegenseitiger Verbundenheit, Liebe und Einheit geprägt ist.

Alle Menschen, die in meinem Geist leben, sind Gottes Kinder. Innerlich bin ich mit sämtlichen Mitgliedern meines Haushalts wie mit denen der menschlichen Gemeinschaft in Einklang. Das gleiche Gut, das ich mir wünsche, wünsche ich jedem Menschen. Ich wohne jetzt im Haus des Herrn – und beanspruche Frieden und Glück, denn ich weiß, dass ich dort für immer bleiben werde.

Den Ärger überwinden

Der seinen Zorn nur langsam schürt, ist von tiefer Einsicht; der aber hastig denkt, verstärkt den Wahn.

Ich bin stets ausgeglichen, gelassen und ruhig. Der Frieden Gottes strömt durch mein Denken und mein ganzes Sein. Ich wende die Goldene Regel an und wünsche allen Menschen aufrichtig Frieden und Wohlwollen.

Ich weiß, dass die Liebe zum Guten meinen Geist durchdringt und jede Angst vertreibt. Ich lebe jetzt in der freudigen Erwartung des Besten. Mein Kopf ist frei von Sorge und Zweifel. Meine wahren Worte lösen nun alle negativen Gedanken und Gefühle in mir auf. Ich verzeihe jedem und öffne der Gegenwart Gottes die Tür meines Herzens. Mein Wesen wird durchflutet vom inneren Licht und Verständnis.

Ich lasse mich durch Kleinigkeiten nicht mehr irritieren. Sobald Angst, Sorge und Zweifel an meine Tür klopfen, wird sie vom Glauben an das Gute, von Wahrheit und Schönheit geöffnet, und siehe da: die Störenfriede sind verschwunden. O Gott, du bist mein Gott, und es gibt niemanden sonst.

Gebet der Dankbarkeit

O danket dem Herrn; ruft ihn bei seinem Namen; machet bekannt seine Taten unter den Menschen. Singt zu ihm, singt Psalmen; sprecht von all seinen wunderbaren Werken. Sonnt euch in seinem heiligen Namen; lasset das Herz derer frohlocken, die den Herrn suchen.

Ich bedanke mich aufrichtig und demütig für all die Güte, Wahrheit und Schönheit, die durch mich strömen. Ich bin dankbar und in Hochstimmung wegen der vielen wunderbaren Gaben, die mir in Geist, Körper und äußeren Angelegenheiten zuteil wurden. Ich strahle gegenüber allen Menschen Liebe und Wohlwollen aus. In meinem Denken und Fühlen muntere ich sie auf. Ich zeige meine Dankbarkeit für jede empfangene Segnung. Dadurch bringe ich Geist und Herz in Einklang mit der Schöpferischen Macht des Universums. Meine von Dankbarkeit und Lobpreis erfüllte Gemütsverfassung führt mich entlang der Wege, die mir vielerlei Annehmlichkeiten bescheren.

Trete durch seine Tore mit Dank und auf seine Höfe mit Lob: Sei ihm dankbar und segne seinen Namen.

Ich weiß, dass ich nun eins bin mit Gott. In Ihm lebe und bewege ich mich, habe ich mein Sein. Gott ist Leben; dieses Leben ist das Leben aller Männer und Frauen. Wir alle sind Söhne und Töchter des einen Vaters.

Ich weiß und glaube, dass irgendwo ein Mann lebt, der darauf wartet, mich zu lieben und zu schätzen. Ich bin mir sicher, dass ich zu seinem Glück und Frieden beitragen kann. Er liebt meine Ideale, und ich liebe die seinen. Er will mich ebenso wenig ändern wie ich ihn. Zwischen uns herrschen Liebe, Freiheit und Achtung.

Es gibt nur einen Geist; ich erkenne ihn jetzt in meinem Geist. Zugleich verbinde ich mich mit den Eigenschaften und Vorzügen, die ich bewundere; mein Ehemann soll sie besitzen und zum Ausdruck bringen. Wir kennen und lieben einander bereits im Göttlichen Geist. Ich sehe Gott in ihm; er sieht Gott in mir. Da ich ihn *im Innern* getroffen habe, werde ich ihn zwangsläufig auch *im Äußeren* treffen; denn auf solcher Entsprechung beruht das Gesetz meines Geistes.

Diese Worte ergehen und führen ihr Werk dort aus, wo sie hingesandt werden. Ich weiß, dass es in Gott nun beendet und vollbracht ist. Hab Dank, Vater.

Wie man die ideale Ehefrau an sich zieht

Gott ist eins und unteilbar. In Ihm leben und bewegen wir uns, haben wir unser Sein. Ich weiß und glaube, dass Gott jedem Menschen innewohnt; ich bin ebenso eins mit Ihm wie mit allen Menschen. Ich ziehe jetzt die richtige Frau an, die mit mir völlig im Einklang ist. Es handelt sich um eine geistige Verbindung, denn Gottes Geist wirkt durch die Persönlichkeit eines weiblichen Wesens, zu dem ich bestens passe. Ich bin mir sicher, dass ich dieser Frau Liebe, Licht und Wahrheit schenken kann, wodurch ihr Leben erfüllt, vollständig und wunderbar ist.

Ich verfüge, dass sie die folgenden Eigenschaften und Vorzüge besitzt: Geistigkeit, Treue, Gewissenhaftigkeit und Ehrlichkeit. Sie ist ausgeglichen, friedfertig und glücklich. Wir ziehen uns unwiderstehlich an. In meinen Erfahrungsbereich kann nur gelangen, was mit Liebe, Wahrheit und Ganzheit in Beziehung steht. Nun heiße ich meine ideale Gefährtin willkommen.

Göttliche Freiheit

Wenn ihr fortfahrt in meinem Wort, so seid ihr wirklich meine Jünger; und ihr werdet die Wahrheit kennen und die Wahrheit wird euch frei machen.

Ich kenne die Wahrheit; sie besteht darin, dass die Verwirklichung meines Wunsches mich von jeder Knechtschaft befreit. Ich akzeptiere meine Freiheit, gewiss, dass sie im Himmelreich Gottes schon gewährleistet ist.

Ich weiß, alle Dinge in meiner Welt sind Projektionen meiner inneren Einstellungen. Folglich transformiere ich mein Denken, indem ich darüber nachsinne, was wahr, liebenswert, edel und gottähnlich ist. So stelle ich mir nun intensiv vor, alles Gute des Lebens zu besitzen – Frieden und Harmonie, Gesundheit und Glück.

Meine nachdenkliche Betrachtung erhebt mich zum Punkt der völligen Bejahung; ich nehme meine Herzenswünsche bedingungslos an. Gott ist die einzige Gegenwart. Jetzt bringe ich Seine Fülle zum Ausdruck. Ich bin frei! In meinem Herzen, meinem Haus und all meinen Angelegenheiten herrscht Frieden.

Gebet für den Weltfrieden

Der Frieden beginnt bei mir selbst. Gottes Frieden erfüllt mein Denken, und der Geist des Wohlwollens strömt aus meinem Innern zur gesamten Menschheit. Gott ist überall und durchdringt die Herzen der Menschen. In der absoluten Wahrheit sind sie nun alle geistig vollkommen und bringen Gottes Eigenschaften zum Ausdruck. Diese sind Liebe, Licht, Wahrheit und Schönheit.

Es gibt keine voneinander getrennten Nationen. Alle Menschen gehören der Einen Nation, dem Einen Land an, das Gottes Land ist. Dieses Land ist ein Aufenthaltsort: Ich weile am geheimen Ort des Höchsten, spreche und gehe mit Gott, wie jeder andere Mensch auch. Es gibt nur Eine Göttliche Familie – nämlich die Menschheit.

Im Grunde bestehen zwischen Nationen keine Grenzen oder Schranken, denn Gott ist unteilbare Einheit. Er kann nicht gegen Seine Natur gespalten werden. Seine Liebe durchdringt die Herzen aller Menschen. Seine Weisheit beherrscht und leitet die Nationen. Er veranlasst deren Oberhäupter, Seinen – und nur Seinen – Willen auszuführen. So erfüllt Gottes Frieden, der jedes Verstehen übersteigt, mein Denken und das aller Menschen auf der Erde. Danke, Vater, für deinen Frieden; er ist vollbracht.

Die eigene Zukunft vorwegnehmen

Du hast ihn gemacht, damit er über die Werke deiner Hände herrsche.

Ich weiß, dass mein Glaube an Gott meine Zukunft bestimmt. An Gott glauben heißt, an alles Gute zu glauben. Ich verbinde mich nun mit wahren Ideen, gewiss, dass das Morgen meinem gewöhnlichen Denken von heute entsprechen wird. *Wie der Mensch im Herzen denkt, so ist er*. Von diesem Augenblick an richten sich meine Gedanken auf all das, was wahr, ehrlich, gerecht, liebenswert und angesehen ist. Tag und Nacht sinne ich darüber nach, und mir ist klar, dass diese Samen (Gedanken), denen ich normalerweise Beachtung schenke, mir eine reiche Ernte einbringen werden. Ich bin der Lenker meiner Seele, der Meister meines Schicksals; denn meine Gedanken und Gefühle *sind* mein Schicksal.

Mein Schicksal

Ich weiß, dass ich mein Schicksal selbst gestalte, beeinflusse, ja herbeiführe. Der unerschütterliche Glaube an Gott, also an alles Gute ist mein Schicksal. Ich lebe in freudiger Erwartung des Besten, und nur das Beste wird mir zuteil. Außerdem weiß ich, welche Ernte ich in Zukunft einbringen werde, weil all meine Gedanken Gottes Gedanken sind und Er meine Gedanken auf das Gute lenkt. Meine Gedanken sind die Samen des Guten, Wahren und Schönen, die ich zusammen mit denen der Liebe, des Friedens, der Freude, des Erfolgs und des Wohlwollens im Garten meines Geistes aufgehen lasse. Es ist Gottes Garten, der reichlich Früchte tragen wird. Die Herrlichkeit und Anmut Gottes wird in meinem Leben zum Vorschein kommen. Von nun an verleihe ich dem Leben, der Liebe und der Wahrheit Ausdruck. Ich strahle vor Glück, werde in jeder Hinsicht begünstigt. Hab Dank, Vater.

Das Unterbewusstsein prägen

Um Ihre Vorstellung oder Ihren Wunsch voll und ganz zu akzeptieren, müssen Sie sich zunächst entspannen, die Aufmerksamkeit nach innen richten, still und ruhig werden. Diese ausgeglichene, gelassene und friedliche Einstellung verhindert, dass äußere Angelegenheiten und falsche Überzeugungen die geistige Aufnahme Ihres Ideals beeinträchtigen. Außerdem wird in einem derart passiven und empfänglichen Gemütszustand die Anstrengung auf ein Minimum reduziert. Bekräftigen Sie dann mehrmals täglich ebenso langsam wie leise die folgenden Aussagen:

> *Gottes Vollkommenheit kommt jetzt durch mich zum Ausdruck. Die Vorstellung von Gesundheit erfüllt nun mein Unterbewusstsein. Da Gott mich als vollkommen ansieht, erquickt das Unterbewusstsein meinen Körper in vollkommenem Einklang mit der vollkommenen Idee in Gottes Geist.*

Das ist eine einfache, mühelose Methode, dem Unterbewusstsein die Vorstellung von vollkommener Gesundheit zu übermitteln.

Der ausgeglichene Geist

Du wirst dem, dessen Geist bei dir verweilt, vollkommenen Frieden bewahren, denn er vertraut dir.

Ich weiß, meine Herzenswünsche stammen von Gott im Innern. Er möchte, dass ich glücklich bin. Sein Wille in Bezug auf mich ist auf Leben, Liebe, Wahrheit und Schönheit gerichtet. Ich akzeptiere jetzt gedanklich meinen Anteil am Guten und werde zu einem vollkommenen Kanal für das Göttliche.

Ich berühre singend Seine Gegenwart, betrete Seine Höfe mit Lob, bin frohgemut und glücklich, ruhig und ausgeglichen.

Jene leise Stimme flüstert mir ins Ohr und offenbart die vollkommene Antwort. Ich bin ein Ausdruck Gottes. Stets bin ich am richtigen, mir gebührenden Platz und tue das, was mir gefällt. Ich weigere mich, die Meinungen der Menschen als Wahrheit anzuerkennen. Nun wende ich mich nach innen und fühle den Rhythmus des Göttlichen. Ich höre die Melodie Gottes, der mir seine liebevolle Botschaft zuraunt.

Mein Geist ist Gottes Geist; unaufhörlich spiegle ich Seine Intelligenz und Weisheit wider. Mein Gehirn besitzt die Fähigkeit, kluge und vergeistigte Gedanken zu hegen. Gottes Vorstellungen entfalten sich in meinem Kopf mit absoluter Folgerichtigkeit. Ich bin immer ausgeglichen, gelassen und ruhig, denn ich weiß, dass Gott mir für all meine Bedürfnisse die vollkommene Befriedigung gewährt.

Das schöpferische Wort

Lasset dem Wort Taten folgen, und lauscht ihm nicht nur, euch selbst täuschend.

Mein schöpferisches Wort drückt sich in der stillen Überzeugung aus, dass mein Gebet beantwortet wird. Wenn ich das Wort für Heilung, Erfolg oder Wohlstand spreche, so schwingt es im Bewusstsein des Lebens und der Kraft, also in der Gewissheit: *Es ist vollbracht.* Mein Wort besitzt deshalb Kraft, weil es eins ist mit der Allmacht. Die Worte, die ich artikuliere, sind immer kreativ und konstruktiv. Besonders im Gebet sind sie voller Leben, Liebe und Gefühl; dadurch entfalten meine Gedanken, Worte und Bestätigungsformeln eine schöpferische Wirkung. Ich weiß: Je fester mein Glaube hinter den gesprochenen Worten, desto mehr Kraft wohnt ihnen inne. Sie bilden eine Art Hohlform, die darüber bestimmt, welche Gestalt mein Denken annimmt. Die Göttliche Intelligenz verrichtet ihr Werk durch mich und offenbart mir, was ich wissen muss. Ich kenne jetzt die Antwort und lebe in Frieden. Gott ist Frieden.

Das systematische Gebet

Ehe sie rufen, antworte ich; und während sie noch sprechen, höre ich.

Wenn ich bete, rufe ich Vater, Sohn und Heiligen Geist an; der Vater ist mein eigenes Bewusstsein; der Sohn mein Wunsch; und der Heilige Geist mein Gefühl, der Mensch zu sein, der ich sein möchte.

Jetzt wende ich meine Gedanken ab von dem momentanen Problem, worin es auch bestehen mag. Mein Geist und mein Herz sind offen für die von oben einströmende Kraft.

Ich weiß, das Himmelreich Gottes ist in mir. Ich spüre, fühle und verstehe, dass alles: mein Leben, mein Bewusstsein davon, mein ICH BIN nichts anderes ist als der Allmächtige Lebendige Geist. Mit dieser Erkenntnis besinne ich mich nun auf den Ewigen Einen. Sein Licht erhellt meinen Weg; Er beflügelt und leitet mich in jeder Hinsicht.

Von nun an bete ich systematisch, um meinen Wunsch zu verwirklichen – eben indem ich beanspruche und fühle, genau der Mensch zu sein, der ich gerne sein möchte, und das zu besitzen, was ich ersehne. Ich gehe im stillen Wissen der Seele, weil ich begreife, dass mein Gebet schon erhört wurde, weil ich die Erfüllung tief im Innern empfinde. Hab Dank, Vater. Es ist vollbracht!

Die Göttliche Antwort

Ich weiß, dass die Lösung für mein Problem in meinem Göttlichen Selbst beschlossen liegt. Jetzt werde ich ruhig, still und locker. Ich führe ein beschauliches Leben – in der Überzeugung, dass Gott im Frieden, nicht in der Verwirrung spricht. Ich bin nun in Einklang mit dem Unendlichen. Ich weiß und glaube inständig, dass die Unendliche Intelligenz mir die perfekte Lösung offenbart. Darauf richte ich meine Aufmerksamkeit. Ich bin jetzt in Hochstimmung, als wäre mein Problem bereinigt. Ich lebe wirklich in jenem unerschütterlichen Glauben und Vertrauen, mit dem die schwierige Situation gemeistert wird; das ist der Geist Gottes, der sich in mir bewegt. Er besitzt Allmacht und bringt sie zum Ausdruck, verleiht ihr Gestalt. Mein ganzes Wesen erfreut sich an der Lösung; ich bin heiter, genieße dieses Gefühl und statte meinen Dank ab.

Ich weiß, Gott hat die richtige Antwort parat. Mit Ihm ist alles möglich. Er ist der Allmächtige Lebendige Geist in meinem Innern, die Quelle aller Weisheit und Erleuchtung.

Die mir innewohnende Gegenwart Gottes macht sich in einem Gefühl von Ruhe und Ausgeglichenheit bemerkbar. Ich lasse nun jede Anspannung los, beende den Kampf und baue ganz auf Gottes Wirken. Ich erkenne, dass alle Weisheit und Kraft, die ich für ein wunderbares und erfolgreiches Leben brauche, in mir sind. Ich entspanne meinen Körper vollständig, verlasse mich auf diese Weisheit – und werde zu einem freien Menschen. Ich beanspruche und spüre, dass Gottes Frieden durch Kopf, Herz und jede Faser meines

Seins strömt. Ich weiß, ein besänftigter Geist bekommt die Probleme in den Griff. Jetzt vertraue ich meine Bitte der Gegenwart Gottes an, gewiss, dass von dort die Antwort kommt. Und so bin ich die Ruhe selbst.

Gebet für geschäftliche Unternehmungen

Ich sinne jetzt über die Allgegenwart Gottes und Sein Allmächtiges Handeln nach. Ich weiß, dass diese Unendliche Weisheit die Planeten auf ihren Umlaufbahnen lenkt, also auch meine Angelegenheiten verwaltet und regelt. Ich beanspruche und glaube, dass Göttliches Verstehen immer auf meiner Seite ist. Ich erkenne, dass all meine Tätigkeiten von dieser inneren Gegenwart überwacht werden. All meine Beweggründe sind gottähnlich und aufrichtig. Gottes Weisheit, Wahrheit und Schönheit werden durch mich jederzeit zum Ausdruck gebracht. Der Allwissende Eine in meinem Innern weiß, was in welcher Weise zu tun ist. Meine berufliche oder geschäftliche Unternehmung wird vollständig beherrscht und geleitet durch die Liebe Gottes. Mir wird stets Göttliche Belehrung zuteil. Ich kenne Gottes Antwort, denn mein Geist ist friedlich. So ruhe ich in Seinen Ewigen Armen.

Richtiges Handeln

Ich übermittle in Gedanken, Worten und Taten der gesamten Menschheit mein Wohlwollen. Ich weiß, dass Frieden und Gutmütigkeit, die ich gegenüber jeder Person ausstrahle, tausendfach zu mir zurückkommen. Was immer ich wissen muss, erfahre ich vom Göttlichen Selbst im Innern. Die Unendliche Intelligenz wirkt durch mich und offenbart mir die notwendigen Einsichten. Allein der mir innewohnende Gott kennt die Antwort. Die perfekte Lösung wird mir jetzt mitgeteilt. Unendliche Intelligenz und Göttliche Weisheit treffen alle Entscheidungen durch mich; in meinem Leben gibt es nur richtiges Handeln und richtigen Ausdruck. Jeden Abend hülle ich mich in den Mantel der Liebe Gottes und schlafe ein in der Gewissheit, Seine Unterweisungen zu empfangen. Wenn es morgens dämmert, bin ich erfüllt von Frieden. Ich schreite in den neuen Tag, getragen von Glauben, Zuversicht und Vertrauen. Danke, Vater.

Das Wiedererwachen meines Wunsches

Mein Wunsch nach Gesundheit, Harmonie, Frieden, Fülle und Sicherheit ist die Stimme Gottes, die zu mir spricht. Ich beschließe endgültig, glücklich und erfolgreich zu sein. Ich werde auf allen Wegen geleitet. Ich öffne Geist und Herz dem Kraftstrom des Heiligen Geistes und lebe in Frieden. Ich ziehe erfolgreiche und glückliche Menschen an. Ich bringe nur Gottes Gegenwart und Macht in meinem Innern höchste Achtung entgegen.

Gottes Licht strahlt durch mich und aus mir, erhellt meine ganze Umgebung. Meinem Wesen entströmt Seine Liebe. Sie ist ein heilsamer Glanz für jeden, der in meine Nähe kommt.

Ich akzeptiere jetzt das Gefühl, der Mensch zu sein, der ich gerne sein möchte. Ich rufe meinen Wunsch wach, indem ich ihm treu bleibe, wissend, dass eine Allmächtige Kraft zu meinen Gunsten tätig ist. Ich bewahre diese von Glauben und Zuversicht erfüllte Gemütsverfassung und bedanke mich dafür, dass ich es endlich geschafft habe; denn alles ist in Gott begründet, und alles ist gut.

Wie ich mein Ziel erreiche

Bekenne dich zu ihm, wo immer du bist, dann wird er dir den Weg ebnen.

Mein Wissen von Gott und Seinen Werken wächst sprunghaft an. Ich beherrsche meine Gefühle und lenke sie in friedvolle, nützliche Bahnen. Die Göttliche Liebe durchdringt all meine Gedanken, Worte und Taten. Mein Geist ist ruhig; ich harmoniere mit allen Menschen. Immer bin ich entspannt und unbeschwert. Ich weiß, dass ich hier bin, um Gott ganz und in jeder Hinsicht zum Ausdruck zu bringen. Ich glaube ohne Vorbehalt an die Führung des Heiligen Geistes in meinem Innern. Diese Unendliche Intelligenz offenbart mir nun die vollkommene Art des Ausdrucks; zuversichtlich und freudig bewege ich mich darauf zu. Das Ziel, das ich im Sinn habe, ist gut, ja sehr gut. Ich habe in meinem Bewusstsein ein für alle Mal jene Methode verankert, die Erfüllung beschert. Die Allmächtige Kraft wirkt jetzt zu meinen Gunsten. Gott ist das Licht auf meinem Weg.

Berufliche Probleme

Ich weiß und glaube, dass meine beruflichen Angelegenheiten Gottes Angelegenheiten sind. Er ist mein Partner in all meinen Unternehmungen. Für mich heißt das, dass Sein Licht, Seine Liebe, Wahrheit und Inspiration Geist und Herz in jeder Weise ausfüllen. Ich meistere jede Schwierigkeit, indem ich mein ganzes Vertrauen auf die Göttliche Macht im Innern setze. Ich erkenne, dass diese Gegenwart alles in Gang hält. Nun lebe ich in Sicherheit und Frieden. Heute bin ich umgeben von vollkommenem Verstehen; für all meine Probleme gibt es eine Göttliche Lösung. Ich verstehe jeden Menschen und werde von jedem verstanden. Ich weiß, dass meine geschäftlichen Beziehungen mit dem Göttlichen Gesetz der Harmonie übereinstimmen und dass Gott jedem meiner Kunden oder Aufraggeber innewohnt. Ich arbeite einträchtig mit den anderen zusammen, damit am Ende allseits Glück, Wohlstand und Frieden vorherrschen.

Grundsätze im geschäftlichen Bereich

Meine geschäftlichen Belange sind Gottes Belange. Ich führe immer das Werk meines Vaters aus, das darin besteht, gegenüber allen Menschen Leben, Liebe und Wahrheit auszustrahlen. Ich bringe mich jetzt vollständig zum Ausdruck und leiste dank meiner Talente einen wunderbaren Beitrag. Dafür werde ich auf Göttliche Weise belohnt.

Gott begünstigt in hohem Maße meine beruflichen und geschäftlichen Tätigkeiten. Ich beanspruche, dass alle Mitarbeiter in meinem Unternehmen geistige Glieder sind, die dessen Wachstum, Wohl und Erfolg fördern. Davon bin ich fest überzeugt, und es bereitet mir Freude. All jene, die mit mir in Verbindung stehen, werden durch das Göttliche Licht beglückt und erleuchtet.

Das Licht, das jeden Menschen umgibt, der in die Welt kommt, leitet mich auf all meinen Wegen. Meine Entscheidungen werden von der Göttlichen Weisheit überwacht. Die Unendliche Intelligenz offenbart mir, wie ich der Menschheit noch mehr dienen kann. Ich ruhe im Herrn für immer.

Wie ich meine Probleme löse

Was immer du ersehnst, wenn du betest und glaubst, es zu empfangen, so wirst du's haben.

Ich weiß, dass jedes Problem seine Lösung in Form eines Wunsches beinhaltet. Die Anerkennung meines Wunsches ist gut, ja sehr gut. Ich begreife und glaube, dass jene Schöpferische Kraft in mir die absolute Macht besitzt, das zu verwirklichen, was ich zutiefst ersehne. Das Prinzip, welches mir den Wunsch eingab, ist gleichzeitig das Prinzip, das alles hervorbringt. Daran hege ich keinerlei Zweifel.

Ich reite jetzt das weiße Pferd, das den Geist Gottes verkörpert, schwebend über den Wassern meines Geistes. Ich beachte das Problem nicht weiter, besinne mich vielmehr auf die Wirklichkeit des erfüllten Wunsches. Ich wende nun das Gesetz an und wiege mich im Gefühl, dass mein Gebet beantwortet wird. Ich verwirkliche das Ideal, indem ich dessen Wirklichkeit deutlich empfinde. In Gott lebe und bewege ich mich, habe ich mein Sein. Ich bin eins mit diesem Gefühl und bekunde meinen Dank.

Die Schritte zum Erfolg

Wisst ihr denn nicht, dass ich das Werk meines Vaters verrichte?

Ich weiß, dass meine berufliche oder geschäftliche Aktivität Gottes Werk darstellt. Dieses ist immer von Erfolg gekrönt. Jeden Tag gewinne ich an Weisheit und Verständnis dazu. Ich erkenne, glaube und bejahe die Tatsache, dass Gottes Gesetz der Fülle stets für, durch und überall um mich herum wirksam ist.

Meine Arbeit kennzeichnet sich durch richtiges Handeln und richtigen Ausdruck. Was ich auch benötige – Ideen, Geld, Waren, Kontakte –, ist jetzt und jederzeit mein. All das wird mir durch das Gesetz der Anziehung unwiderruflich zuteil. Gott ist das innere Zentrum meiner Erwerbstätigkeit, und so werde ich bei meinen Unternehmungen geleitet und beflügelt. Jeden Tag bieten sich mir wunderbare Gelegenheiten, innerlich zu wachsen, meinen Horizont zu erweitern und Fortschritte zu machen. Mein Wohlwollen nimmt beständig zu. Ich bin deshalb so erfolgreich, weil ich meine Geschäfte mit jener Umsicht und Achtung abwickle, die ich mir auch von meinen Partnern wünsche.

Der Triumph des Gebets

Ich lasse jetzt alles los und beginne ein Leben in Frieden, Harmonie und Freude. Gott ist alles, über und in allem, alles in allem. Ich führe ein triumphales Leben, weil ich weiß, dass die Göttliche Liebe mich führt, unterstützt und heilt. Gottes makellose Gegenwart bildet den Kern meines Wesens; das macht sich jetzt in jedem Atom meines Körpers bemerkbar. Der Verwirklichung meines Herzenswunsches kann nichts mehr im Wege stehen – kein Hindernis, keine Verzögerung. Die Allmächtige Kraft wirkt nun ganz zu meinen Gunsten. *Keiner soll seine Hand zurückhalten und zu ihr sagen: Was tust du?* Ich weiß, was ich will. Mein Wunsch ist deutlich und bestimmt. Ich akzeptiere ihn völlig und bleibe ihm stets treu. Ich bin zu der stillen Einsicht gelangt, dass mein Gebet beantwortet wird. Nun herrscht Friede in meinem Geist.